岸 和郎

イームズ・ハウス／チャールズ＆レイ・イームズ

Eames House case study house #8
Charles & Ray Eames

Waro Kishi

Text and photographs : Waro Kishi
Photographs : Philippe Ruault
Publisher : Tokyo Shoseki Co., Ltd.

東京書籍

はじめに

ヘヴンリーハウス――。建築の原型ともいえる小さな家型を「天上の館」と名づけた歴史家にならって、20世紀の世界の名作住宅をこう呼んでみる。20世紀は住宅の世紀だった。建築家たちは競って新しい建築の原理を追い求め、まず最初に小さな住宅で実験を繰りかえした。私たちはこれらの実験的な住宅たちを21世紀に生きる立場で考え、当時の新しい発見の興奮を再生してみたいと思った。これらの珠玉の住宅たちが、これからの住宅を考える私たちを導いてくれることを願いながら。

ル・コルビュジエによる「サヴォワ邸」に続く、シリーズの第2巻として、チャールズ&レイ・イームズによる「イームズ・ハウス」を刊行する。20世紀を迎え、住宅は建築の実験場となったが、とりわけ自邸という特殊なジャンルはその最前線に位置してきた。通常、誰かのために設計を行う建築の仕事において、唯一、本人がクライアントになり、妥協なく自己表現を追求できるのが自邸である。もっとも、イームズ・ハウスは、カタログで流通している既製品の部材を活用し、20世紀的な工業生産による大量生産のシステムを踏まえながら、逆説的にもっともユニークな住宅として現われた。

本書は、あまた存在するイームズ本とはまったく違う。彼らが一般人にも受け入れられているようになったのは、ミッドセンチュリーのブームを経て、映像やカードも手がけるおしゃれな家具デザイナーとして認知され、楽しいイームズのイメージが流布したからである。もちろん、それはそれで重要だろう。だが、岸和郎氏は、有名な家具に触れることなく、建築家の眼からイームズ夫妻の自邸を徹底的に分析し、メディア論的な視座まで提供している。ハードな建築論として初めて開示されるイームズ・ハウスは、ファッションとして消費されない知的な興奮をわれわれにもたらしてくれるだろう。

建築家としてのイームズを体験せよ。

シリーズ「ヘヴンリーハウス――20世紀名作住宅をめぐる旅」　編者
五十嵐 太郎
後藤 武

目次

脚注キーワード

第1章　イームズ・ハウス —— 再訪

Eames House case study house #8

1981年——初めての訪問

私にとってイームズ・ハウス[1]はどういう存在であったのかということから始めたいと思います。

私が大学院を出たのは1978年でした。その時代、1970年代の終わりから1980年代の初めにかけて、若い人たちには想像もつかないかもしれないですが、建築の世界ではポストモダニズム[2]と呼ばれる、歴史主義的な、様式建築のような装飾を取り込んだ建築が主流でした。

当時は建築のモダニズム[3]が、いろいろなものを切り捨てた、あるいは、行き過ぎた「合理主義[4]」であるというような批判がありました。ポストモダニズムはそのような文脈の中で、モダニズムに対する反論、逆方向の動きとして出てきたわけです。装飾の復権であるとか、モダニズムが捨象してきたものをもう一度取り戻そうとか、そういう思想が席巻した時代でした。

当時、私たちが必ず読まなければならないと思っていた本のひとつに、ロバート・ヴェンチューリ[5]の『建築の複合と対立』（松下一之訳、美術出版社、1969年。原著 *Complexity and Contradiction in Architecture* は1966年発行）という本がありました。今は『建築の多様性と対立性[6]』（伊藤公文訳、1982年）として、鹿島出版会のSD選書から出ています。この本は、ポスト・モダンの時代の中で建築を見直すときの「ルールブック」のようにさえ思えました。扱われていたのは、歴史的な建築であったり、ミケランジェロであったり様々ですが、私自身はそれらの建築をまるで知らないということに苛立たしさを感じ、大学院は設計の研究室ではなく、歴史の研究室を選びました。

歴史の研究室にいる間、図書館の書庫で、その当時流通してい

脚注★1〜5

★1——イームズ・ハウス Eames House/Case Study House #8 1949年竣工。デザイナーで建築家のチャールズ&レイ・イームズの自邸。ケース・スタディ・ハウスの1軒として建てられた。アメリカ西海岸、ロサンゼルスの海に面した丘の上に建つ。

★2——ポストモダニズム 建築ではロバート・ヴェンチューリ『ラスベガス』（72年）やチャールズ・ジェンクス『ポスト・モダニズムの建築言語』（78年）などで提唱された、合理・機能を重視したモダニズム建築に対する反動としての動きをいう。装飾、様式、象徴性などを重んじた。

★3——モダニズム 建築では過去の装飾への反発、鉄骨や鉄筋コンクリートやガラスなど新材料の導入などを背景に、ドイツ工作連盟、バウハウス、CIAMなどの活動を中心に国際的な展開を見せた、特に20世紀以降の近代建築運動をさす。機能的、合理的であることを重んじ、空間という語の広まりと共に隆盛を見せた。

★4——合理主義 建築ではモダニズム、機能主義とほぼ同義。ただし、数比による宇宙論との合一やロココ的な装飾に反発し構造上の合理性を目指す18世紀後半のフランスの建築家たちの動きや戦間期イタリアでのモダニズムを特に指すこともある。

★5——ロバート・ヴェンチューリ Robert Venturi 1925- フィラデルフィア生まれ、プリンストン大学建築大学院修了後、エーロ・サーリネンやルイス・カーンの事務所を経た。自身の「母の家」（64年）で、シンプルでありながらも複雑性と歴史的引用に富んだ建築として一躍脚光を浴びる。建築思想をまとめた『建築の多様性と対立性』（66年）、『ラスベガスから学ぶこと』（72年）以降、70年

た雑誌などでは絶対出会えない色々な建築、例えば１９３０年代の日本の近代建築に出会います。そのようにして出会った建築群の中に「ケース・スタディ・ハウス」[7]がありました。１９４０年代から60年代にかけてアメリカ・カリフォルニア、特にロサンゼルスを中心とした地域で興ったムーブメントです。イームズ・ハウスはこの「ケース・スタディ・ハウス」の＃8にあたります。

私が初めてこのイームズ・ハウスを訪ねたのは、１９８１年です。ポストモダンの全盛時代に、イームズ・ハウスを訪ねるというのはかなり反時代的で、天の邪鬼な行為だったと思います。この時代に日本からイームズ・ハウスを観に行く人などほとんどいなかった。インターネットやGoogle Earthなどそもそもありませんから、その時は場所を探すのでさえ大変でした。

既にチャールズ・イームズ[8]は亡くなっていましたが、レイ・イームズ[9]はまだ存命でした。訪問した時は、たまたまレイ・イームズが外出していて、メイドさんが「レイが戻ってくる前に、５分間だけだったら入っていいよ」と言って、中に入れてくれました。でも内部の写真撮影は許可されませんでした。５分間だけ建物の中を見学し、次の５分くらいで外観を撮影して、トータルで10分程度しか滞在できませんでしたが、それがイームズ・ハウスとの最初の出会いでした。

それから随分時間が経って、私自身も建築家としていろいろな仕事をするようになるわけですが、今度は逆に１９９０年代に入るとモダニズムの建築を見直そうという機運が高まってきます。そして、チャールズ・イームズのオリジナルの家具がミッドセンチュリーモダンのシンボルのように捉えられ始め、コレクションの対象になったりして、もてはやされる時代がやってきた訳です。現在は、イームズ関係の出版物、雑誌の特集など相当な数がありますが、１９７０年代後半から１９８０年代前半にかけての時代

代を通じて建築のポストモダニズムのイデオローグとして同時代の建築家に大きな影響を与えた。

★6——建築の多様性と対立性　*Complexity and Contradiction in Architecture*　ヴェンチューリの1966年の著書。建築におけるモダニズムへの対抗として、多様性と対立性を含んだ「秩序」や、意味の明快さよりも意味の豊饒さを主張した。

★7——ケース・スタディ・ハウス　case study house　『アーツ&アーキテクチャー』誌編集長ジョン・エンテンザの呼びかけで、低コストで大量生産が可能な住宅を当時の著名・若手の建築家が36案提案した。1945年から66年まで続き、計画に終わった数案を除きロサンゼルス、サンフランシスコ、アリゾナ州フェニックスなどに建てられた。

★8——チャールズ・イームズ　Charles Ormond Eames, Jr. 1907-1978　セントルイス生まれ、同市ワシントン大学退学、建築事務所開設後フィンランド人建築家エリエル・サーリネンの知遇を得て工業デザインを手がける。1941年レイ・カイザーと再婚。成形合板を用いた家具や添え木の製作、『アーツ&アーキテクチャー』誌編集、ケース・スタディ・ハウス#8（49年）、FRP樹脂を用いた椅子、ショートフィルム「パワーズ・オブ・テン」制作（68年/77年）などに携わった。

★9——レイ・イームズ　Ray-Bernice Alexandra Kaiser Eames 1912-1988　カリフォルニア州サクラメント生まれ、ニューヨークで抽象絵画を学んだがミシガン州クランブルック美術学院でチャールズと知り合い、1941年の結婚後カリフォルニアを中心にチャールズと協働。

イームズ・ハウス（住居棟）エレベーション

イームズ・ハウス（住居棟）エレベーション

には、ケース・スタディ・ハウスや、チャールズ・イームズがそんな風に評価される時代がやってくるなど、夢にも思っていませんでした。

２００７年4月に、イームズ・ハウスを再訪しました。今回は、二十数年ぶりに内部の撮影許可がおり、フランス人の写真家、フィリップ・リュオーと同行しました。アドルフ・ロース、ジャン・ヌーベルやドミニク・ペロー、レム・コールハースたちの建築写真を撮っている人です。私が日本から、彼はフランスから来て、ロサンゼルスで落ち合いました。朝の9時から夜8時くらいまでイームズ・ハウスに滞在し、1日、時が過ぎて行くのを経験しました。昼食は、リュオーと一緒に、イサム・ノグチ[10]がピクニックをした前庭で近所で買ってきたサンドイッチを食べ、時々、デ・スティル[11]のような壁面の色彩について話したりもしました。赤はネイティブ・アメリカンの伝統のアメリカの大地だとか、夕日が綺麗だからかとか。黄色は砂漠の色で、シルバーは航空機産業。ということは、もしかしたらロサンゼルスそのものを色で表現したのではないか、でも1色、緑が欠けてないか、いや緑は周りにいくらだってあるから使わなかったのではないか、というような勝手な話をしながら、すごく贅沢な時間を持つことが出来たわけです。

通常、イームズ・ハウスの写真・パブリシティは、イームズ・オフィスのアーカイブに完全にコントロールされています。ということは、どの作品集を見ても同じ写真しか出てこないわけです。だから今回撮影した写真はまだ誰も見たことのないものばかりです。

★10――イサム・ノグチ Isamu Noguchi 1904-1988 ロサンゼルス生まれ、一時横浜で過ごす。コロンビア大学で医学を学ぶも奨学金を得てパリで彫刻家ブランクーシに師事。広島平和大橋（52年）、ユネスコ本部庭園（58年）、フィラデルフィア「ベンジャミン・フランクリンのためのモニュメント」（84年）、滑り台「スライド・マントラ」（86年）、モエレ沼公園（2004年）など。

★11――デ・スティル De Stijl テオ・ファン・ドゥースブルフ（1883〜1931）がオランダ・ライデンで創刊した『デ・スティル』誌（1917〜1928）を中心とする運動。基本色と幾何学形態による絵画の純粋性を新造形主義として主張したピエト・モンドリアン（1872〜1944）が、1925年に対角線を使用しようというドゥースブルフと対立して脱退して以降、絵画以外の建築・インテリアなどにおいてより自由な要素主義を標榜した。

ロサンゼルスという都市

イームズ・ハウスの話に入る前に、ロサンゼルスがどのような都市であるかに触れておきましょう。

この街の地理的イメージを理解する時に、東西南北が割合はっきりとしたイメージがあるというのを前提としてもらえればいいのかなと思います。街にグリッド状のインフラがあって、北側が山に面して、西側に太平洋がある。そして東側がパーム・スプリングスなど砂漠エリアに繋がり、南の方にはずーっとフラットな平野がサンディエゴからメキシコの方に繋がってゆく。

ロサンゼルスのイメージを作っているアイコンを紹介しましょう。

チャイニーズ・シアター（1）とその前の歩道です。ハンフリー・ボガードなど、俳優たちの手型・足型とサインが印されています（2）。誰もが知っているロサンゼルスのポップ・アイコンです。

ユニバーサル・スタジオ。入口のシティウォーク（3）です。ハードロック・カフェがあります。ユニバーサル・ウォークには、あのUCLAのショップ（4）があります。

サンセット・ブルバード（5）です。東西に走っている通りです。この通りを西へ向かってずっと走って行けば、太平洋にぶつかったところがパシフィック・パリセーズで、イームズ・ハウスのある地域です。この通りを東に進んで行くと、UCLAの北をかすめて、チャイニーズ・シアターのような、いかにもロサンゼルス的なイメージが現れる。つまり、サンセット・ブルバードの西の端にイームズ・ハウスがあって、東にはよく知られているロサンゼルスのポップ・イメージがあると考えてください。

ロサンゼルス周辺がどのような建築文化を持っているか、建築

1

2

4

3

ロサンゼルスのポップ・アイコン
1：チャイニーズ・シアター
2：手型・足型とサイン
3：ユニバーサル・スタジオ入口（シティ・ウォーク）
4：UCLA ショップ（ユニバーサル・ウォーク）
5：サンセット・ブルバード

photo by Kazutoshi Nishimura
5

ルドルフ・シンドラー「シンドラー自邸」（1922 年）
上右：アプローチ
上左・中左：建物全景
下：リビング・ルーム

ルドルフ・シンドラー「フィッツパトリック邸」
(1936年)
上左:プールからエントランスを見る
上右:プールから谷を見る
下:リビング・ルーム

6

ジョン・ロートナー「マリン・ハウス」（1960年）

を見てみましょう。

まずはルドルフ・シンドラー[12]の自邸（12ページ）です。街の中央付近の住宅地にあります。今はリノベーションされ、1994年からシンドラーの生まれ故郷であるオーストリアの応用美術博物館の分館としてギャラリーや関連のイベントに使われています。この建築のアプローチは日本的と称されることもあります。シンドラーがフランク・ロイド・ライト[13]のタリアセンから独立して初めてのプロジェクトです。シンドラーは同じオーストリア出身のリチャード・ノイトラ[14]とよく比較されますが、ノイトラが「陽」のイメージの建築を作るとすると、シンドラーは「陰」の方で、陰影感がある住宅を作っています。

次は、もう少し後の時期のシンドラーの作品、フィッツパトリック邸（13ページ）です。自邸とは形は違いますけれどもよく似ています。屋外空間を体験させつつ、内部へ入って行くという建築です。白いキュービックな建築ではありますが、中に入ると実はそれほど単純な空間構成になっているわけではない。開口やレベルのとり方、キュービックな空間同士がかなり複雑に繋がり、連結しているからです。

次の写真はもう少し南の海沿いにある1950年代の終わりから60年代にかけてケース・スタディ・ハウスを手がけたエドワード・キリングワース[15]の住宅（15ページ）です。キリングワースは日本ではあまり知られていない建築家ですね。ケース・スタディ・ハウスというプロジェクトは、ジョン・エンテンザ[16]という人が編集長をしていた雑誌『アーツ・アンド・アーキテクチャー』[17]が展開した一連の住宅設計の企画で、最終的には30軒弱の住宅が建ちました。キリングワースは、この企画が成熟し切った時期にいくつかの住宅を設計しました。

これはジョン・ロートナー[18]が建てたマリン・ハウス（6）です。

★12——ルドルフ・シンドラー Rudolf Michael Schindler 1887-1953 ウィーン生まれ、ウィーン産業技術大学卒業後1914年シカゴに移住。フランク・ロイド・ライトの事務所に所属し帝国ホテルを担当したがライトと訣別し、ロサンゼルスを中心にかなり早い時期のモダニズムの作例を設計。自邸（22年）、ロヴェル邸（26年）、半透明の家（27年、計画）、ウォルフェ邸（28年）など。

★13——フランク・ロイド・ライト Frank Lloyd Wright 1867-1959 ウィスコンシン州生まれ、ルイス・H・サリバンの事務所で主に住宅を担当し、また代表作オーディトリアム・ビルにも関わる。自然から学ぶ有機的な形態を建築構造に組み込み、密度の濃い空間を作り上げた。落水荘（カウフマン邸、36年）、グッゲンハイム美術館（59年）など。

★14——リチャード・ノイトラ Richard Joseph Neutra 1892-1970 ウィーン生まれ、ウィーン産業技術大学卒業後エーリッヒ・メンデルゾーンの事務所を経て1923年アメリカに移住、フランク・ロイド・ライトの事務所を経てロサンゼルスで独立。ミラー邸（37年）、カウフマン邸（46年）、ムーア邸（52年）、在カラチ・アメリカ大使館（63年）など。

★15——エドワード・キリングワース Edward Abel Killingsworth 1917-2004 カリフォルニア州生まれ、南カリフォルニア大学卒業。軍役を経てジョン・エンテンザに見出されケース・スタディ・ハウスを手がける。オプダール邸（57年）、カハラ・ヒルトンホテル（64年）、カリフォルニア州立大学ロングビーチ校マスタープラン（04年）など

エドワード・キリングワース「ロングビーチの住宅」

7

ピエール・コーニッグ「ケース・スタディ・ハウス #22」（1960 年）

★16——ジョン・エンテンザ　John Entenza　1903-1984　ミシガン州生まれ、『アーツ・アンド・アーキテクチャー』誌を１９３８年から62年まで刊行・編集し、モダニスム建築を特にケース・スタディ・ハウスを通じて南カリフォルニアに普及させた。その後グラハム美術研究財団ディレクターを経た。

★17——『アーツ・アンド・アーキテクチャー』*Arts and Architecture*　ジョン・エンテンザが１９３８年に発刊したが、１９６２年にグラハム財団に移った後も、デイビッド・トレイバーズにより１９６７年まで刊行された。建築だけでなく新進作家によるグラフィックデザインの紹介にも力を入れた。

★18——ジョン・ロートナー　John Lautner　1911-1994　ミシガン州生まれ、ライトの事務所を経た。自邸（40年）、ロードサイド建築の様式名になったグーギー・コーヒーショップ（49年）、空中に浮かぶマリン・ハウス（ケモスフェア、60年）、レイナー邸（63年）、アランゴ邸（73年）など。

★19——ピエール・コーニッグ　Pierre Koenig　1925-2004　サンフランシスコ生まれ、南カリフォルニア大学卒、ラファエル・ソリアーノの事務所を経た。自邸（50年）、急峻な地形に建てられた鉄骨造とガラススクリーンのケース・スタディ・ハウス#21（ベイリー邸、58年）、#22（スタール邸、60年）など。

ロサンゼルスという街と一番リンクしているケース・スタディ・ハウスが、２００４年に亡くなったピエール・コーニッグ[19]によるこの＃22（7）だと思います。ロサンゼルスの北側に広がる丘陵地帯の中腹に建つ住宅です。この写真はリビング・ルームからロサンゼルスの南方向を見たところです。右側にプールが広がっていて、その向こう側にはグリッド状の都市が南の方に際限なく広がっていきます。この街の住宅は平均階高が2階以下で、限りなく平屋の建物が続いている。この風景は典型的なロサンゼルスのイメージですね。

奇妙な配置――樹木に覆われた家

イームズ・ハウスはロサンゼルスの西の端、太平洋にぶつかったあたりの丘の上にあります。日本の高級住宅街にも似た、スノビッシュな雰囲気のある住宅街、パシフィック・パリセーズです（8）。ただイームズ・ハウスが建った頃はまだこういう住宅街ではありませんでした。

太平洋岸を走るパシフィック・コースト・ハイウェイから少し

8

9

10

11

12

8：パシフィック・パリセーズ
9：イームズ・ハウスへのアプローチ
10：イームズ・ハウスが見えてくる
11・12：イームズ・ハウス正面の斜面

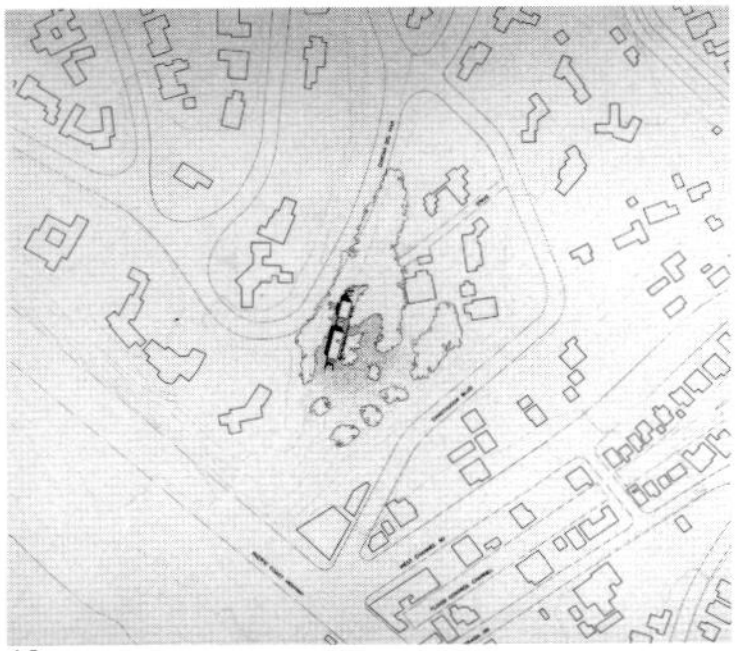
16

13：イームズ・ハウス（スタジオ棟・エントランス側）、斜面から見る
14：イームズ・ハウス（住居棟）、リビング・ルーム側
15：イームズ・ハウスと樹木の間の通路
16：イームズ・ハウス配置図
17・18：イームズ・ハウス（住居棟）、斜面から見る
19-1：アリソン&ピーター・スミッソン「スミッソン自邸」（1961〜62年）
19-2：アリソン&ピーター・スミッソン「黄色い住宅」（1976年）

入った、シャトークア・ブルバード沿いに、イームズ・ハウスのためのアプローチがあります（9）。当時の配置図を見ると、この家の近くに、ケース・スタディ・ハウス＃9（旧エンテンザ邸）が建っていることがわかります。今は増築されてしまって、新しい白い住宅になっています。旧エンテンザ邸の前を抜けて、細い道を奥に進んでいくと、うっそうとした緑の中に、イームズ・ハウスが斜めに姿を現します（10）。つまり、海側から道なりにぐるっと奥まで入って見返した所にある敷地です。

向かって右側がスタジオ棟、左側がメインの住居棟になります。建物のすぐ裏は斜面になっていて、1層分高くなったところに通路があります。

パシフィック・パリセーズという海に面した住宅地にあるガラス張りの建物なので、誰もが、建物の正面が海の方に向いていて、海がすごく綺麗に見えるだろうということを想像します。しかし、そういう建築ではありません。家の正面は東向きなので、海の方ではなくて、谷にオープンしています（11・12）。そして、イームズ・ハウスに赴いた人の多分誰もが不思議に思うのは、なんでこんな樹木が並んでいるところの中に配置したのだろうという疑問です。建物はほとんどジャングルのように繁った前面の緑の後ろに配置されています。後から何かの理由で前面に樹木を立てたのではないかと感じる。しかも斜面をかきとって建物が強引に挿入されている状態です。谷に面していて海にはそっぽを向く、迫る急斜面とうっそうと繁った樹木の列に挟まれている、この不思議なサイトプラン。普通の建築家であればこういう配置計画をすることはないでしょう（13〜18・21ページ）。

この奇妙な配置計画はスミッソン夫妻設計の自邸（19-1）やコンペ案の黄色い住宅（19-2）を思い出させますが、それはまた別の話になり長くなるので場所をあらためてお話しましょう。

左右とも、*Alison + Peter Smithson : The Shift*, Architectural Monographs no.7, Academy Editions, 1983. より

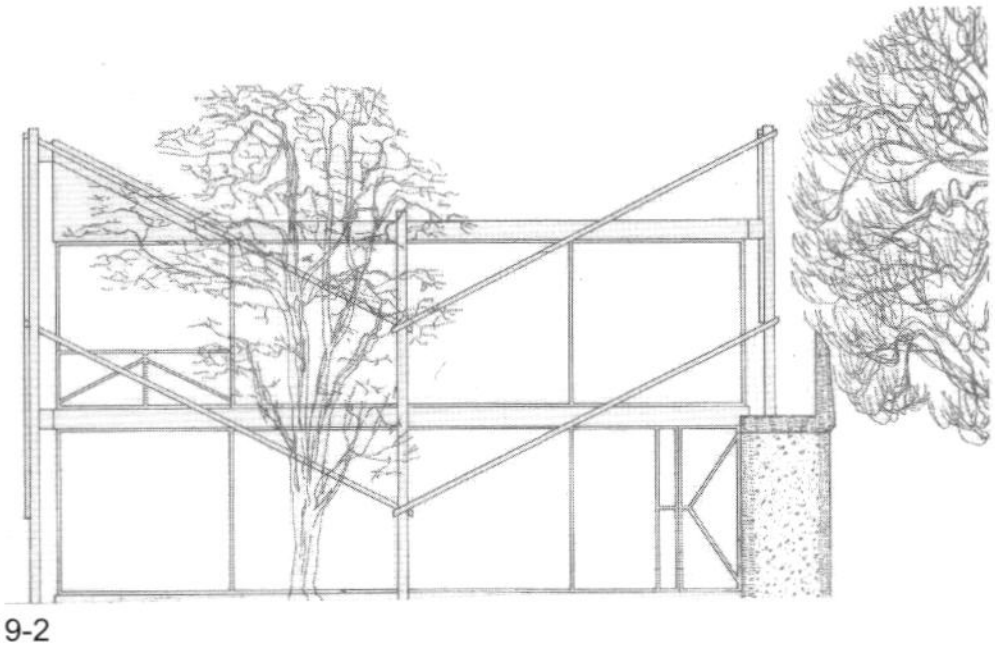
19-2

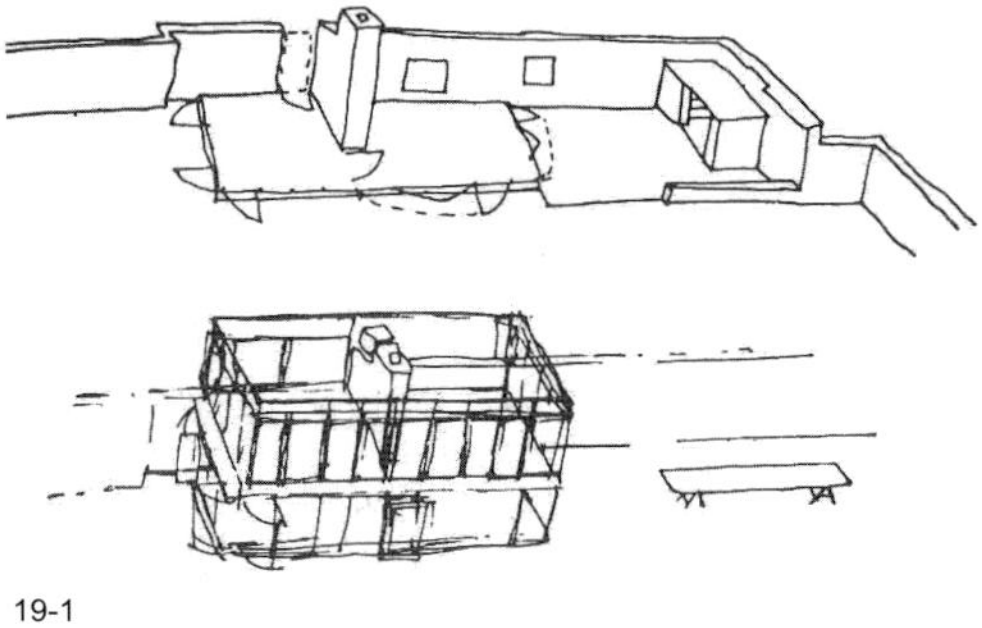
19-1

15

13

14

18

17

20：第２案アクソノメトリック図
21：第１案スケッチ
22：第１案配置図
23：第１案コンタ図
24・25：第２案配置図

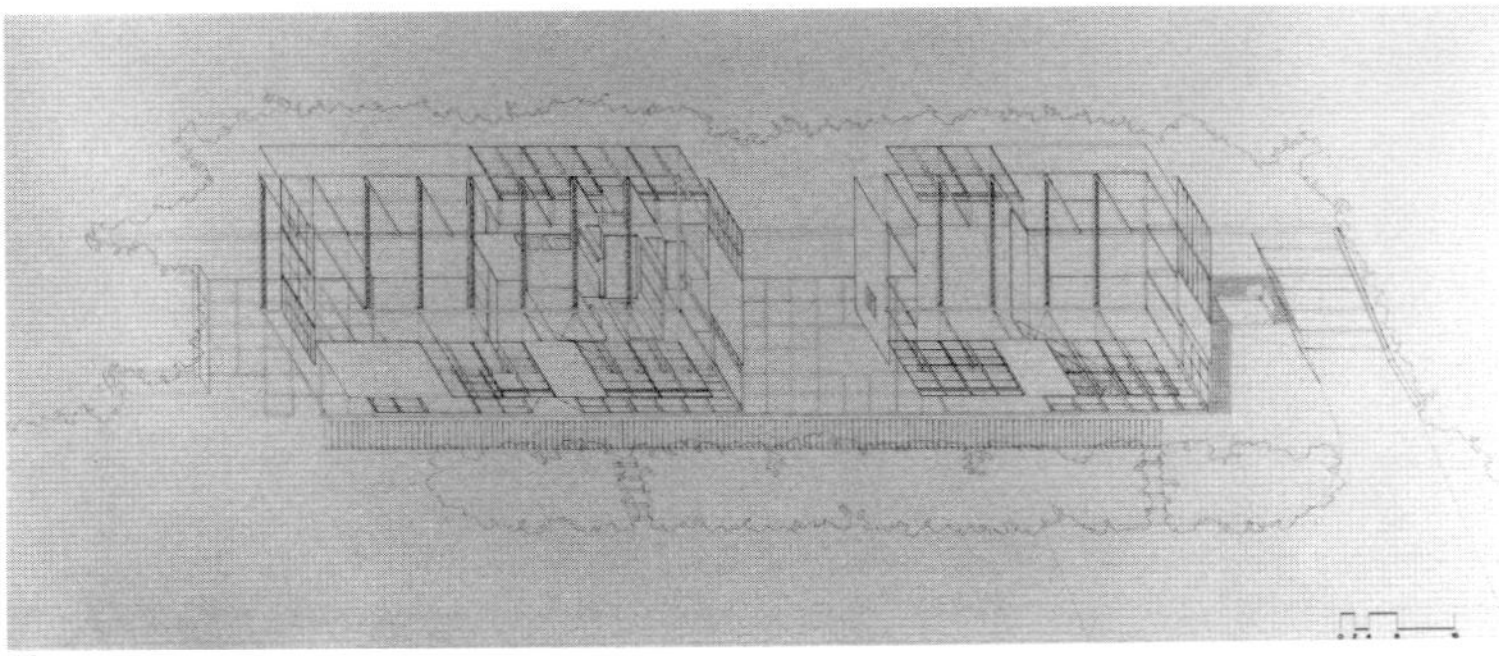

20

21

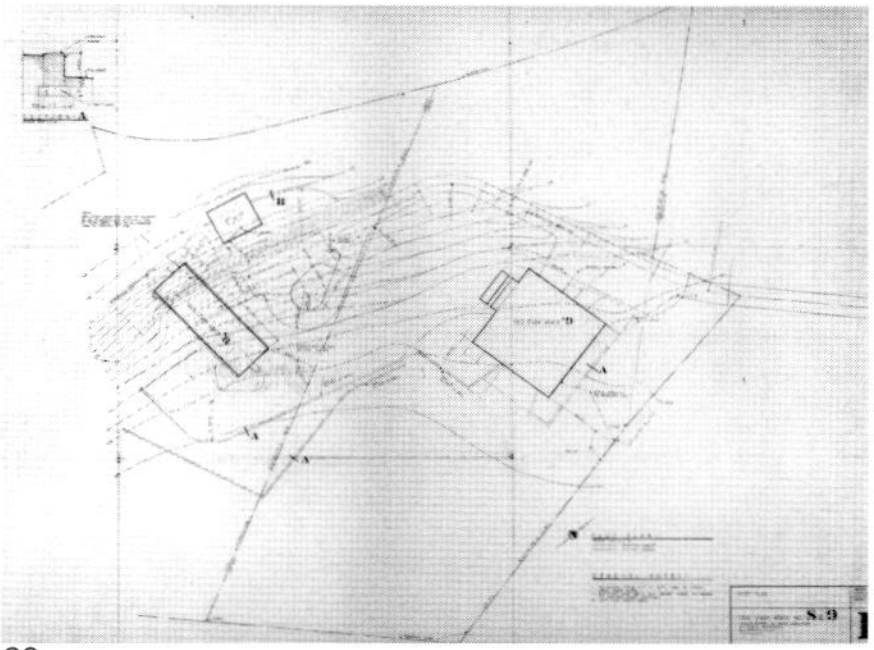
23

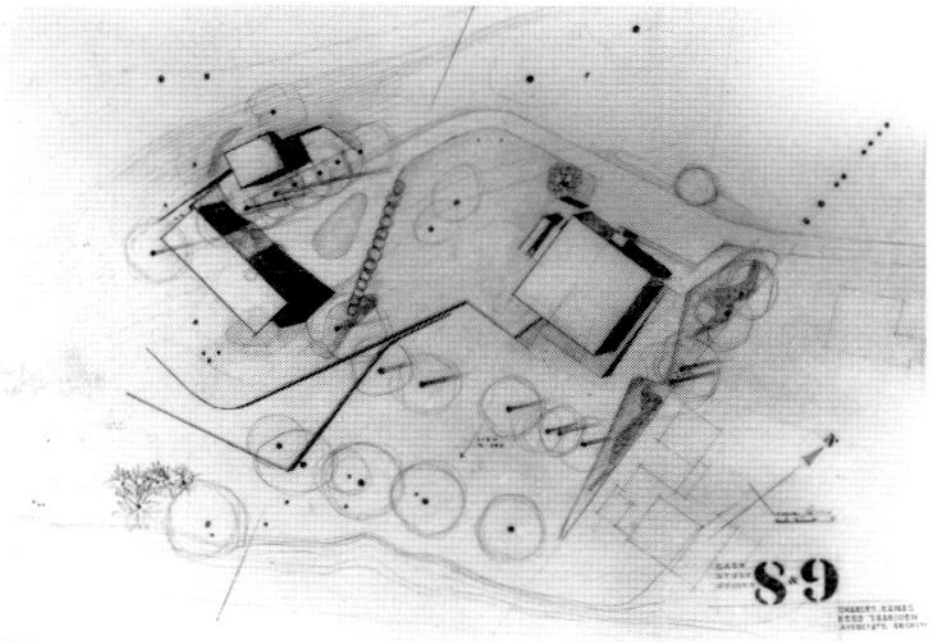
22

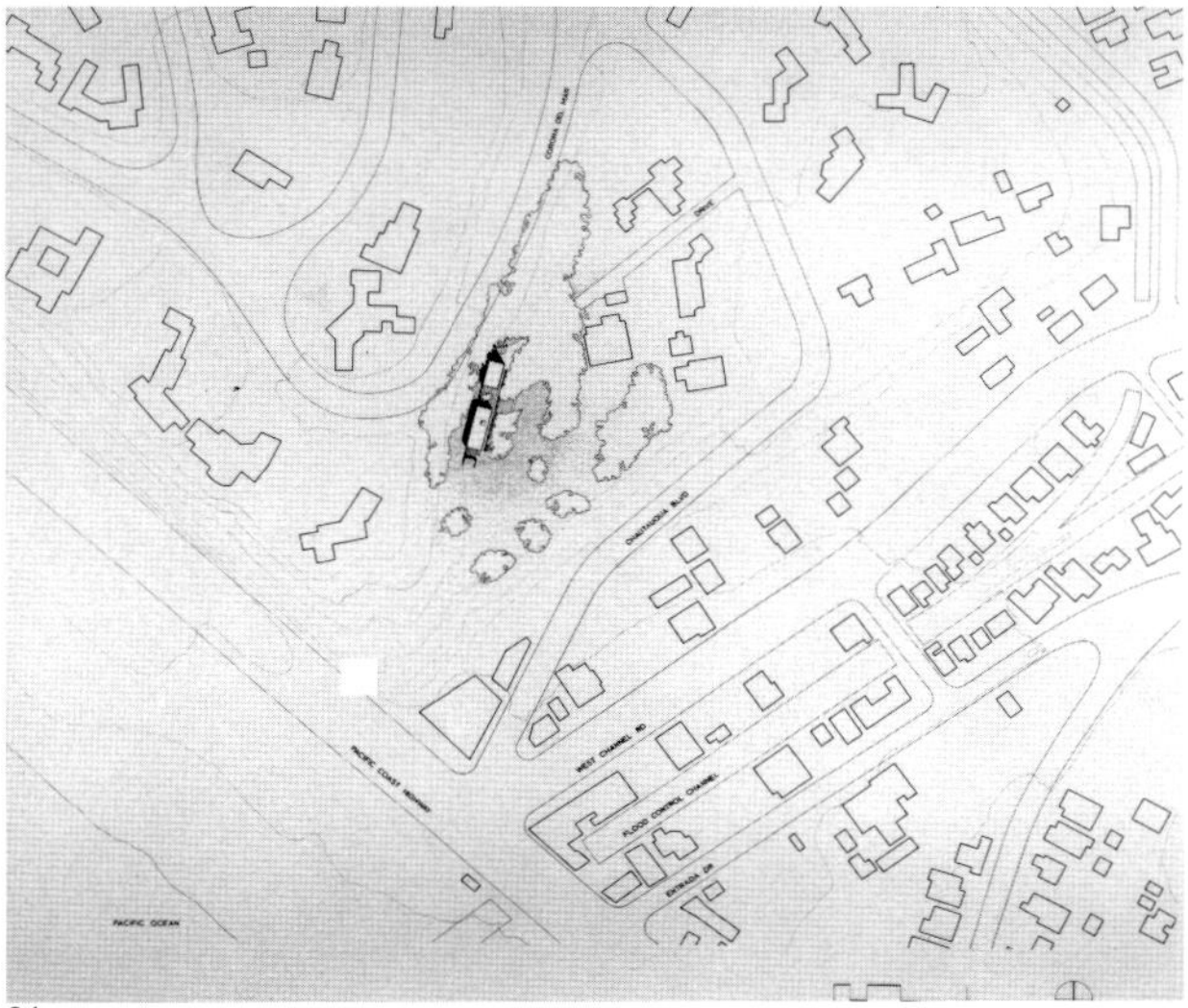
24

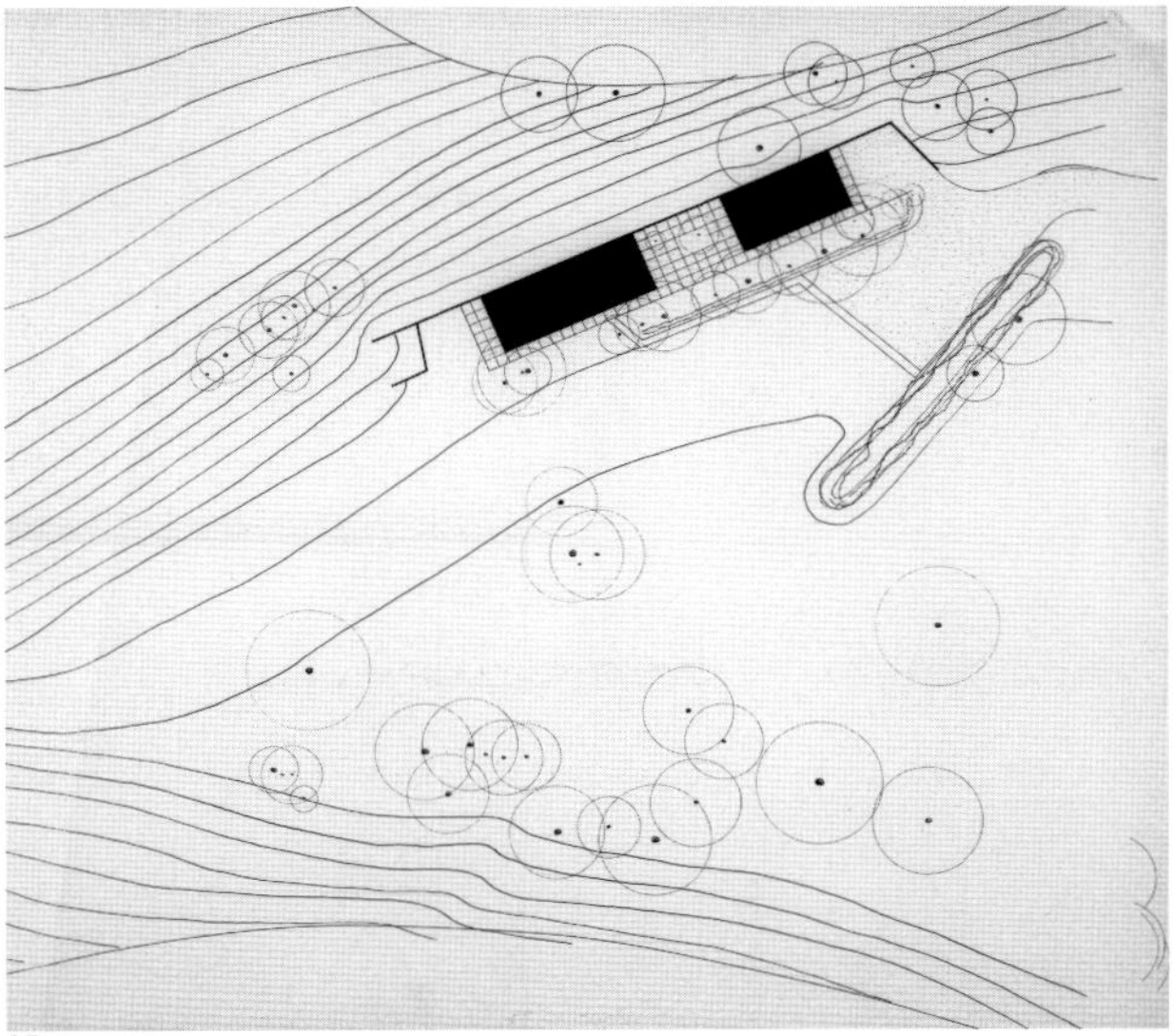
25

ところであらためて、アクソノメトリック図[20]（20）を見ると確信犯だなと思うわけです。この時点ですでに、スタジオ棟と住居棟の前に木が描かれている。建物の後ろからも木と斜面が迫っている。このどう考えても奇妙な配置計画は、実は本人が選んで意図的にやったものだとわかる。

プロジェクトの第1案（21）では、住宅部分である直方体がキャンティレバー[21]で宙に持ち上げられている。建物が斜面から直交して谷方向に向かっています。つまり、全面ガラス張りの開口部が海に向かっているという、きわめて素直な配置計画（22・23）になっていたわけです。それが第2案では、正面には海が見える絶景のフラットな敷地が目の前にあるにもかかわらず、もっとも条件の悪いところに建物が後退していく（24〜27）。

第1案の配置図（22）では、現在、イームズ・ハウスが建つ場所

★20——アクソノメトリック図 Axonometric アイソメトリック（等角投影、等測図。空間の3軸が図上で120度で交わる）を含む広義の場合と、不等角投影、斜投影に限る狭義の場合があるが、いずれも平行のはずの直線が消失点に向けて収斂していく透視図法に対し、平行のはずの直線を図上でも平行に表す。アクソメと略される。

★21——キャンティレバー Cantilever 片持ち梁ともいう。一般に床板や梁は両端部が柱や壁によって固定されるが、キャンティレバーの場合は一方のみ固定され、他方は自由端として宙に浮いているため、視覚的にスマート・軽やかな印象を与える。

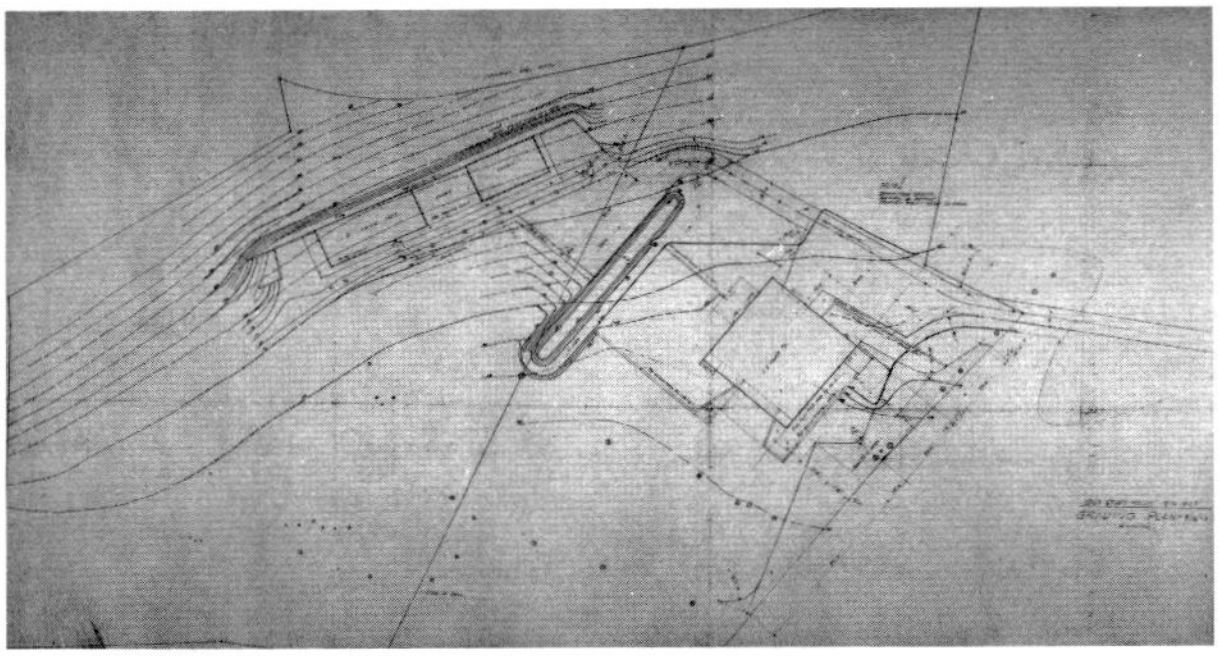

26

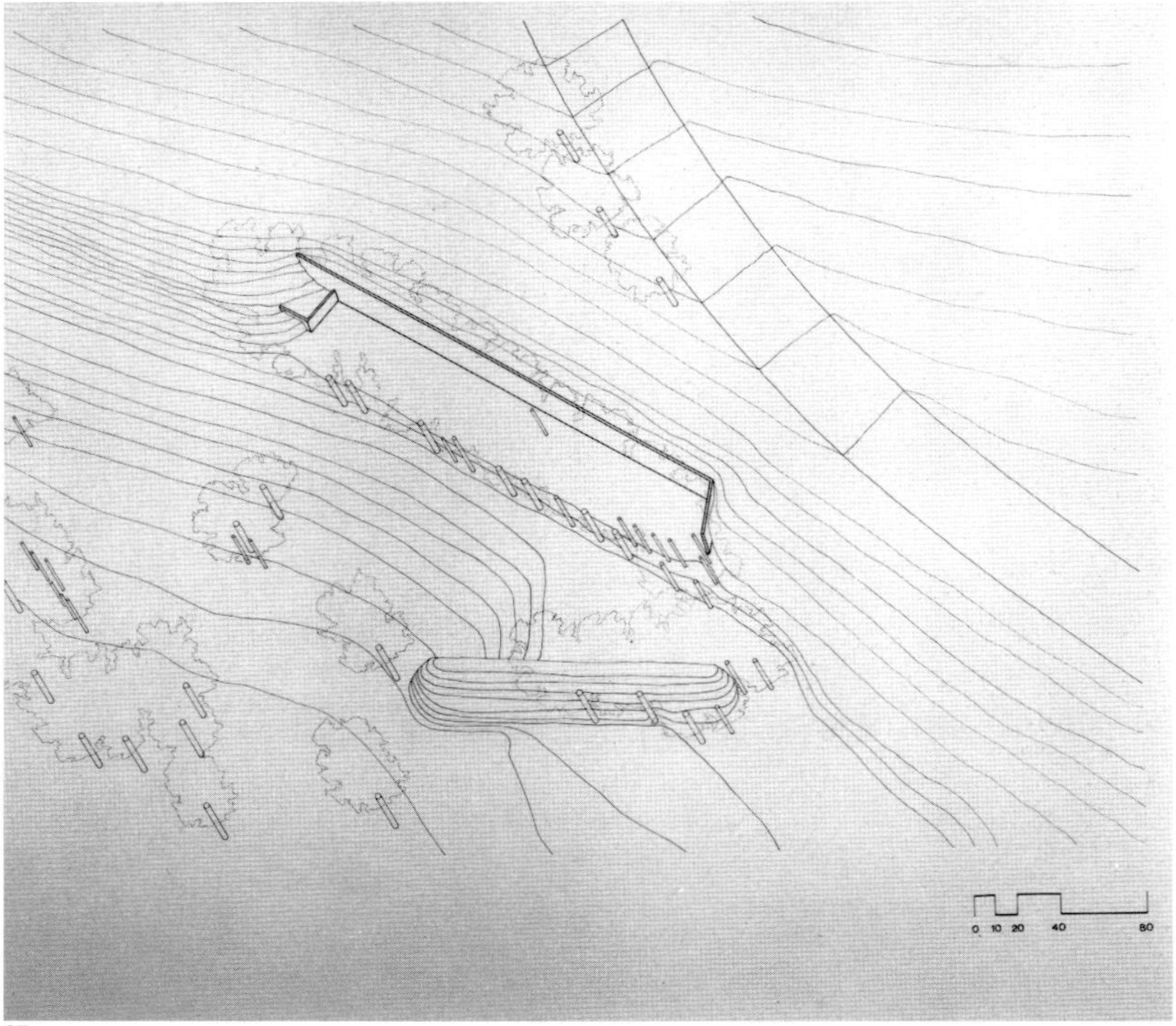

27

26：第２案配置図
27：基礎のドローイング

は、アプローチのために使われています。スタジオ棟は離れて配置されています。チャールズ・イームズとエーロ・サーリネン[22]が設計したエンテンザ邸[23]が右に見えます。平屋の低い建物です。イームズ・ハウスとエンテンザ邸との間を区切るように人工的に盛り土がしてあります。注意したいのは、この段階で既に木が描かれていることです。

建設過程を記録した写真がイームズ財団のアーカイブにあります（24〜25ページ）。それを見ていくと、斜面を切り取ってコン

★22——エーロ・サーリネン Eero Saarinen 1910-1961 ヘルシンキ郊外生まれ、1923年父エリエルと共にアメリカに移住、イェール大学卒業。父が教えるクランブルック美術学校でチャールズ・イームズ、後のレイ・イームズと知り合う。セントルイス・ゲートウェイ・アーチ（コンペ47年、66年竣工）、GM技術センター（55年）、JFK空港TWAターミナルビル（62年）、ダレス空港（62年）、また家具も手がけ、チューリップ・チェア（56年）など。

★23——エンテンザ邸 ケース・スタディ・ハウス#9、エーロ・サーリネンとチャールズ・イームズの共同設計、1949年竣工。イームズ・ハウス（#8）の隣に建てられた。

右：斜面から見上げる
左：木々と斜面に挟まれているイームズ・ハウス

右：裏面の通路
左：正面の通路（アプローチ側から）

クリートの基礎を作り、鉄骨造2階の建物を挿入している様子がよく分かります。すでに樹木の列が生えているのも見える。それにしても、何故、イームズはこんなに大変な工事をやったのだろうか？　木の根っこなんかもありますから、たいへんな工事だったはずです。何故、こんな場所に家を建てたのだろうか？

イームズ・ハウスを解剖しながら、その意図を少しずつ探っていきたいと思います。

イームズ・オフィスのアーカイブから、工事中の写真

イームズ・ハウスの「正面性」——A-B-Bグリッドの謎

近代建築を読み取って理解していく時に、構造グリッドがひとつの鍵を与えてくれることがあります。例えば、ル・コルビュジエ[24]のサヴォワ邸を正面から見ると、建物の手前と奥はファサード方向、奥行き方向にそれぞれ4分の1スパンのキャンティレバーにして、持ち出しています。また、ミース・ファン・デル・ローエ[25]のファンズワース邸は、ファサード正面に対して直交方向、すなわち左側と右側が、同じく4分の1スパンのキャンティレバーになっています。どちらの住宅を考えてみてもキャンティレバーとなっている部分をどう読み解くかというのがその住宅を読み解く時の鍵になります。

では、イームズ・ハウスではその構造グリッドがどのように鍵になってくるかを読み解いてみたいと思います。

イームズ・ハウスの構成のひとつのテーマは、A-B-Bグリッド（スパン[26]）という不等辺グリッドです。イームズ・ハウスのプランでは、スタジオ棟、住居棟に共通しているのですが、薄くスライスされた垂直の空間がレイヤーとして樹木のある正面に面しているのが分かります。一番手前がAで、B、Bと奥に続きます。Aの寸法とBの寸法はほとんど同じなのですが、わざと微妙に変えてあります。普通の建築家であれば同じ寸法で3等分するでしょう。けれども、イームズ・ハウスでは、3等分されたB-B-Bではなく、Aスパンという違う寸法のグリッドが入っている。私はこのことがひとつの鍵になるのではないか思いました。

結論から言うと、Aスパンによって、ある種の「正面性」をこの建物に持たせたいという意図がイームズにあったのではないかというのが私の考えです。

★24——ル・コルビュジエ　Le Corbusier　1887-1965　スイス生まれのフランスの建築家。本名は、シャルル＝エドゥアール・ジャンヌレ。モダニズムを代表する建築家で、フランク・ロイド・ライト、ミース・ファン・デル・ローエと並び、20世紀建築の三大巨匠のひとりとされる。オーギュスト・ペレ、ペーター・ベーレンスの事務所などに勤める。ピュリスムの画家としても多くの作品を残す。サヴォワ邸（31年）、ソビエトパレス計画（30年）、ユニテ・ダビタシオン（52年）、ロンシャンの礼拝堂（55年）、ラ・トゥーレット修道院（60年）など。近代建築の五原則を発表。

★25——ミース・ファン・デル・ローエ　Ludwig Mies van der Rohe 1886-1969　ドイツ・アーヘン生まれ、ペーター・ベーレンス事務所に学ぶ。バルセロナ・パビリオン（29年）、チューゲンハット邸（30年）。バウハウス校長を務めたがナチスによる閉鎖後アメリカに亡命。ファンズワース邸（50年）、レイクショアドライブ・アパートメント（51年）、シーグラムビル（58年）など。

★26——スパン　span　建築物の柱あるいは支点の間隔をユニットとした単位。径間、支間、わたりなどとも。

イームズ・ハウス平面図

1：リビング・ルーム
2：ダイニング・ルーム
3：キッチン
4：ユーティリティ・ルーム
5：吹き抜け（リビング・ルーム）
6：寝室
7：ドレッシング／書斎
8：ホール
9：バスルーム
10：中庭
11：スタジオ
12：暗室
13：吹き抜け（スタジオ）
14：物置

2階平面図

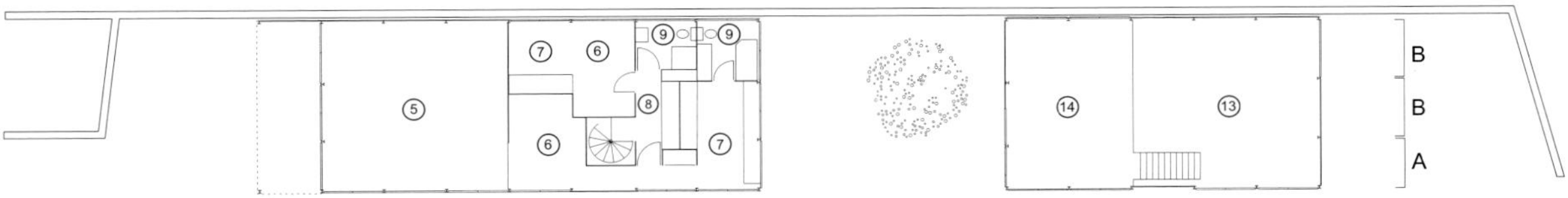

1階平面図

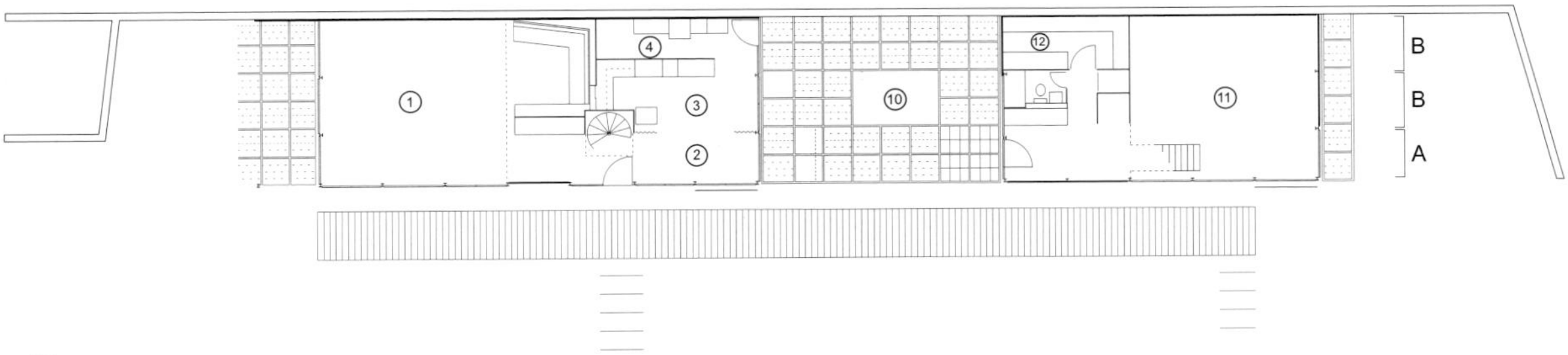

27

28：階段部分を見下ろす
29：階段部分から見上げる

28

29

それは何故か。この建物を見ると、Ａスパンのところにサーキュレーションが集中していることが分かります。住居棟でもスタジオ棟でもここが通路になり、また階段が収まっている。Ａスパンの空間が２つの棟を貫通している。ところで、住居棟に入ってすぐのところに螺旋階段（28）があります。右へ曲がると左回りの階段に入って２階に上がれます。横に展開していくイームズ・ハウスの空間の中で、唯一垂直方向に展開していく空間です。天井（29）はガラス張りのスカイライトになっていて、垂直性の強い空間です。

プラン（27ページ）のＢ-Ｂグリッドの部分を右から左に見ていくと、まず、スタジオ棟に２層が吹き抜けている部分があって、次に２層重なっている部分がある。中庭があって、住居棟に入る

30：リビング・ルームへの通路（Aスパン）
31：リビング・ルーム（通路から）
32：リビング・ルーム（アルコーブから）

30

31

32

と、2層重なっている部分があって、吹き抜けがあって、さらに庭に繋がっていくという構成をとっています。イームズ・ハウスのスタジオ棟と住居棟は、左右の長さが違っていて、中庭を中心にすると左右非対称です。ところが、住居棟の左側の屋外空間まで含んだ上で、住居棟の右端に対称軸を設定すると、スタジオ棟と住居棟は対称になる。この対称性から「正面性」が見えてくると、スタジオ棟と住宅棟がそれぞれ別物ではなく、左右へ連続するスライスされた空間が重なる構造を持った建物であるということになるわけです。これがひとつの鍵です（30〜32）。

さらに、住居棟の吹き抜けに面したところに、奥まったアルコーブがありますが、実はこれも鍵になるだろうと思います。ケース・スタディ・ハウスの基本的なスタイルは、平屋でオープン・プラン[27]の住宅というものです。イームズ・ハウスはこのどちらのルールからも外れています。平屋ではなく2階建てで、オープン・プランでもない。サーキュレーションを主たる機能とするスライスされた薄い空間が要請されること自体がまずオープン・プランではないということです。また一見すると、ガラスのオープン・プランに見えるこのリビング・ルームの空間は、ファンズワース邸やコーニッグのケース・スタディ・ハウス#22のような典型的

★27——オープン・プラン　料理、食事、居間といった機能ごとに室内を仕切ることをやめ、壁のみならず建具（襖、障子、ドアなど）も排し、大規模な一室空間を実現しようとする間取りのこと。吹抜や階段室などを取り入れ、水平・垂直共に広がりを得ようとする場合も多い。

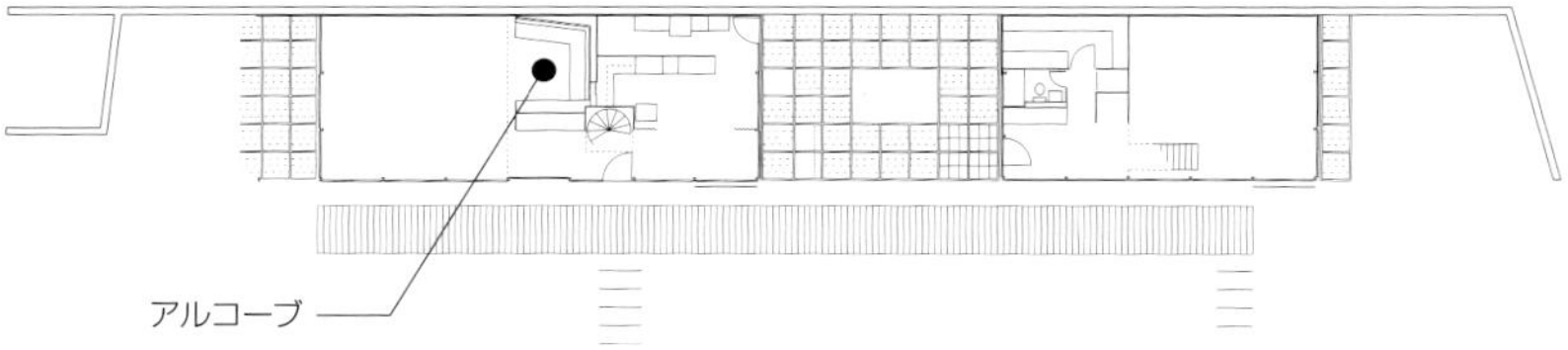

1階平面図

33

なオープン・プランと比べると明らかに違って、アルコーブにある種の重心があります。単なる2階建てのケース・スタディ・ハウスではないということが、プランを読み解いていくと分かってくるのです。

またイームズ・ハウスの特徴のひとつには、建物の外周の外部通路を挙げることができます。この外部のサーキュレーションと内部のサーキュレーション（Aスパン部分）がスクリーンのような透明なファサードで接している。その外部通路の外側には樹木の列がある。整理すると、樹木の列があって、外部通路があって、ファサードがあって、内部通路があって、主要空間が右にぶらさがるというレイヤー構造になっています。

斜めの視線──アルコーブから

Aスパンの通路が最後にたどり着くのは、リビング・ルームです。ここで天井高がパンと高くなって2層吹き抜けた空間になります。入っていくと空間の軸が右にずれて、全体でひとつのエレベーションという状態になっていく。そこを右に回って奥まったところが、アルコーブ[28]です。レイ・イームズが亡くなった時のままに保たれていている、このリビング・ルームの中で一番暖かくて居心地のいい場所です（36）。

このアルコーブに座ってイームズ・ハウスのことを考えていたら、先ほどの「正面性」に対して「斜方向性」という問題も、実はこの住宅の中に隠されているのではないかと感じ始めました。正面性の性格と斜めの方向性を持つ性格を接合させることで、この住宅は出来ているのではないか。

★28──アルコーブ alcove 部屋の壁を一部後退させて人が入れるようにした小空間を指す。アーチ断面をかまぼこ状に水平に連続させて造るボールト（穹窿）を指したアラビア語アル・クバが語源。現代日本では集合住宅で、プライバシーを守りドアと通行者との衝突を避ける目的で住戸玄関を共用廊下から少し後退させるときにも用いる。

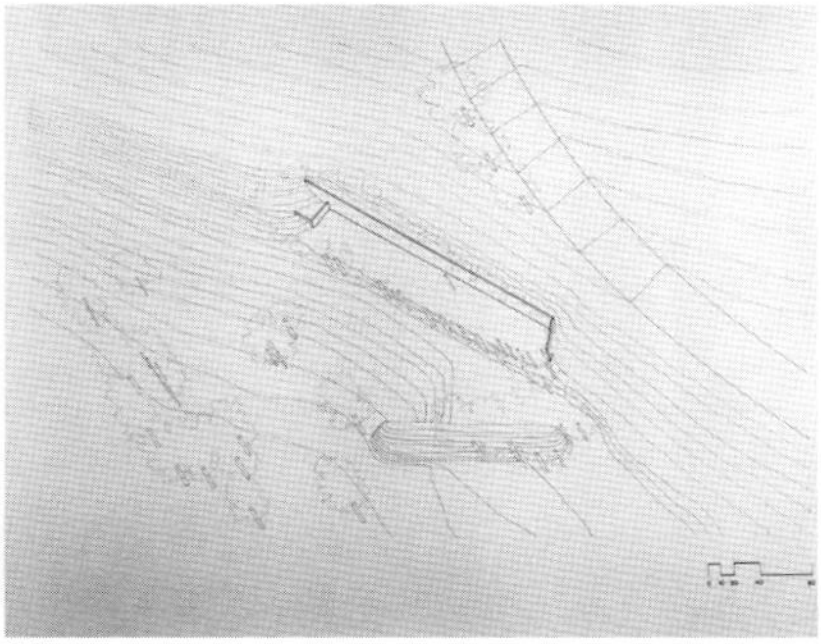
34

35

そこで、重要になってくるのが「隅＝コーナー」です。ディテールは隅を見ろとよく言いますが、隅の空間がどうなっているのかが気になります（33）。

リビング・ルームはかなり複雑な視線誘導の構成になっています。擁壁のドローイング（34）を見ると分かるように、斜面に接する2層分の高さを持つ長い擁壁に対して垂直に接する1層分の高さの短い擁壁がリビング・ルームの表、庭の奥（35）に出ています。この擁壁がアルコーブに座って正面を見る時の視線を左のコーナーへ誘導していきます。そして、1階部分（37）の壁面は正面も左側面もガラス張りにもかかわらず、2階レベルの壁面は白い不透明な面になっています。このことによって、アルコーブからの左方向への視線の誘導を阻んで、今度は正面方向に目線を向けている。外部空間のエレメントと内部の壁面の操作によって、正面と斜めを目線の向きが行き来する動きを作り出している。このコーナーでけっこういろいろな出来事が起きている（38）。

36

37

38

34：擁壁のドローイング
35：リビング外部の空間（奥に擁壁が見える）
36：アルコーブのソファ
37：リビング・ルーム（アルコーブから）
38：住居棟リビングルーム側コーナー

表のエレベーション

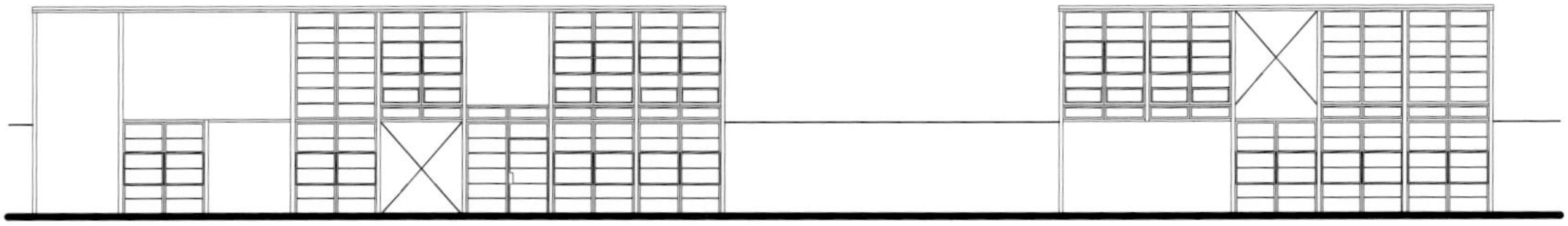

39

エレベーションのデザイン

次にイームズ・ハウスの場合、2層のエレベーション[29]をどう考えるのかという問題は欠かすことができません。私は2層が一体となってなんらかの表現媒体になっているのではないかと思っています。

ところで、イームズ・ハウスは建物のすべての建築資材がカタログに載っているものから調達されて、第1案から第2案に変わった時にも、梁を1本変えただけで出来たという有名な逸話があります。だから非常に即物的なエレベーションを持っていて工場のようにも見え、また外の壁面にはモンドリアン[30]やリートフェルト[31]のような色面が入っていて、どこかデ・スティルも連想させる。

そして、この正面（長辺）のエレベーションの構成は、内部空間の構成と連動していません。住居棟でもスタジオ棟においても、内部が吹き抜けているのか、2層になっているのかが反映されていないわけです。建物の裏側では、壁の部分と開口部の部分がわかりやすくデザインされているので、この裏と表のエレベーションを比較すると違いがより鮮明になります（39・40）。

一つひとつ見ていきましょう。スタジオ棟の正面（短辺）（41）です。この家を訪れた人はまずこのエレベーションを最初に見ることになります。入口がAスパン、2つのBスパンはシンメトリー（左右対称）になっていて独立した空間であるということを示しています。次は、住居棟、リビング・ルーム側正面のエレベーションです（44）。スタジオ棟正面と同じ構成です。Bスパン2つがシンメトリーで、Aスパンが別の表情をもっている。つまり、建物の両端のエレベーションは、長辺のエレベーションとは違ってA-B-Bグリッドを素直に表現しています。

でも、中庭側の短辺は単純にA-B-Bグリッドを表現していませ

裏のエレベーション

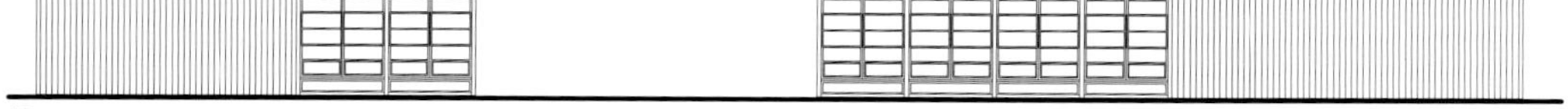

40

ん。住居棟の中庭の入口（43）を見るとわかりますが、1階部分はA-B-Bグリッドが表現されているにもかかわらず、2階部分はAスパンと左側のBスパンをまたぐかたちで白い壁面が張り付いています。壁が浮遊しているような、ガラスに囲まれた白い箱があるという不思議なエレベーションになっています。逆サイド、同じく中庭からスタジオ棟を見るとさらに複雑になります（42）。2階は、ここだけなぜかアルミ仕上げになっているのですけれども、完全に閉じて壁になってしまっている。1階もA-B-Bグリッドに対応していません。おくびにも見せないというエレベーションです。です

★29——エレベーション elevation 立面図のこと。プラン（上から見た平面図、間取りを示す）、セクション（断面図、内部構造を示す）、ディテール（詳細図、施工上の必要に応じて作図される）に対して、外観や屋根形状、開口部（窓や扉など）の位置を示す。またパース（見取図、透視図）と異なり、壁の平面と平行の面に投射した形を示すため、長方形の壁は図上でも長方形に描かれる。

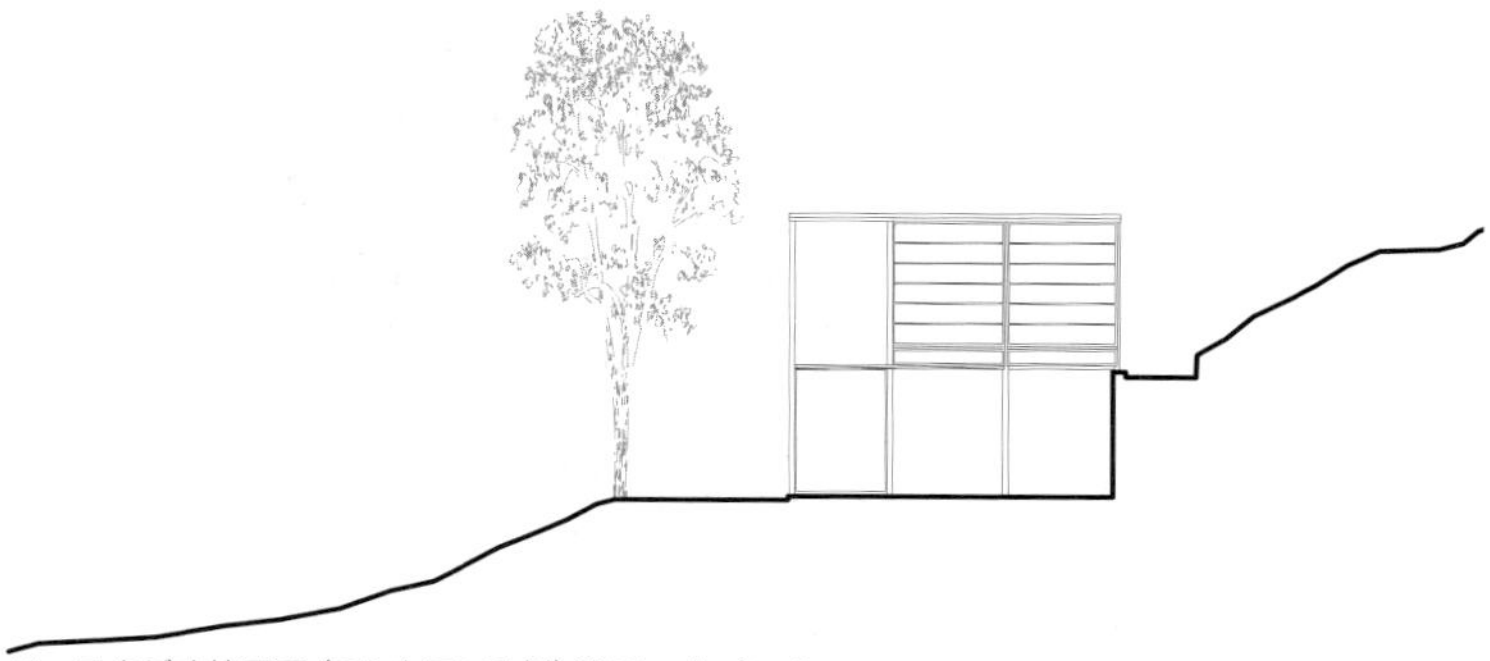
41 スタジオ棟正面（エントランス側）のエレベーション

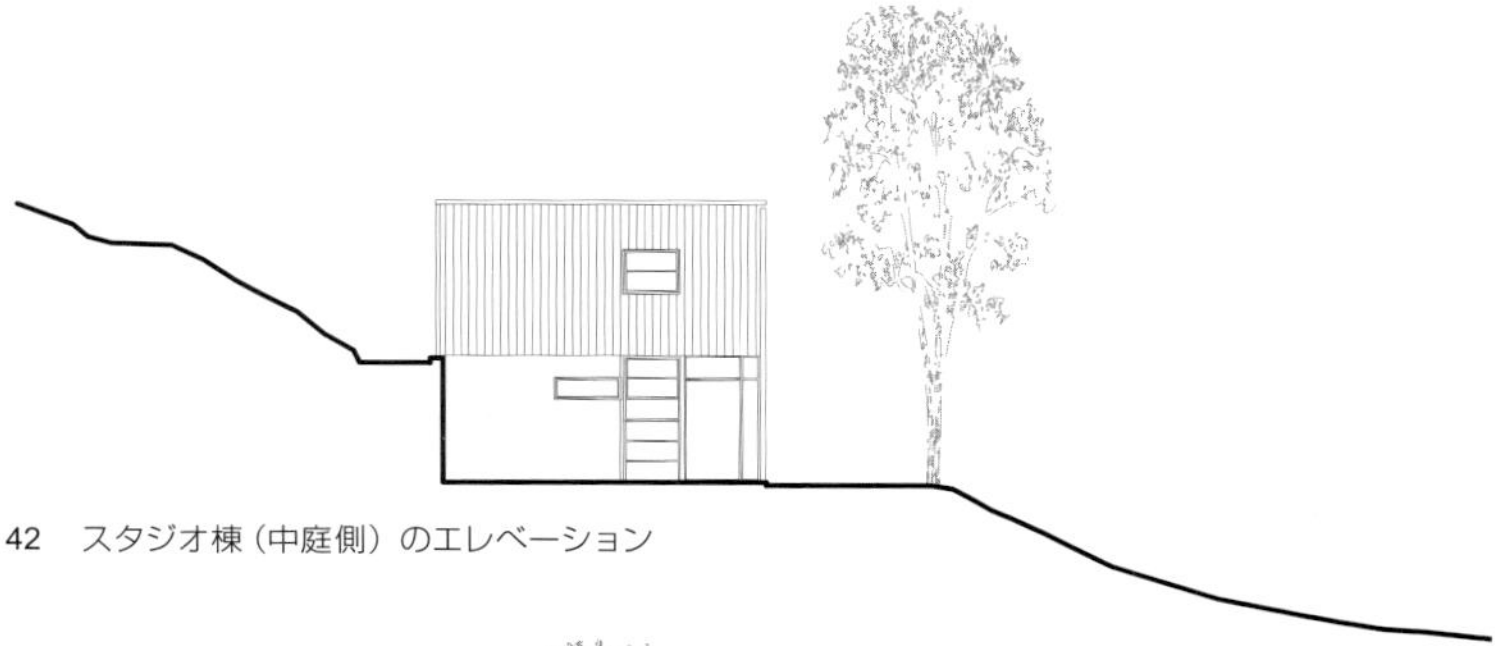
42 スタジオ棟（中庭側）のエレベーション

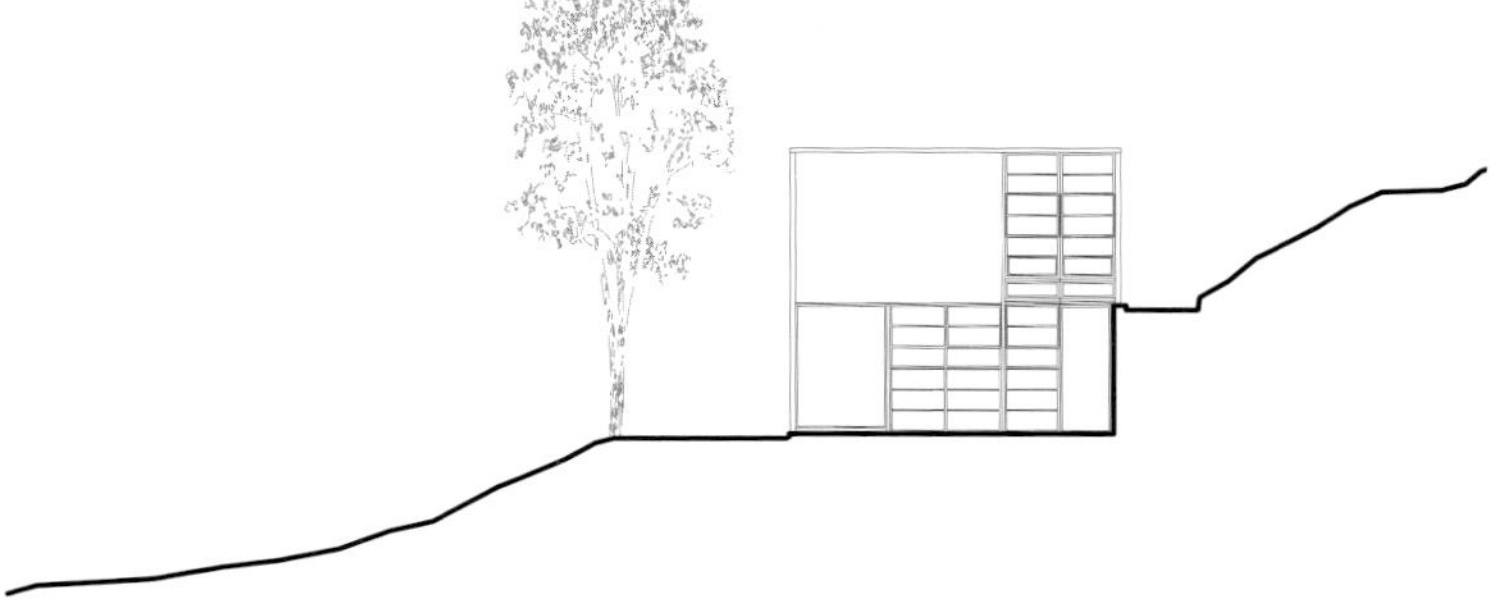
43 住居棟の入口（中庭側）のエレベーション

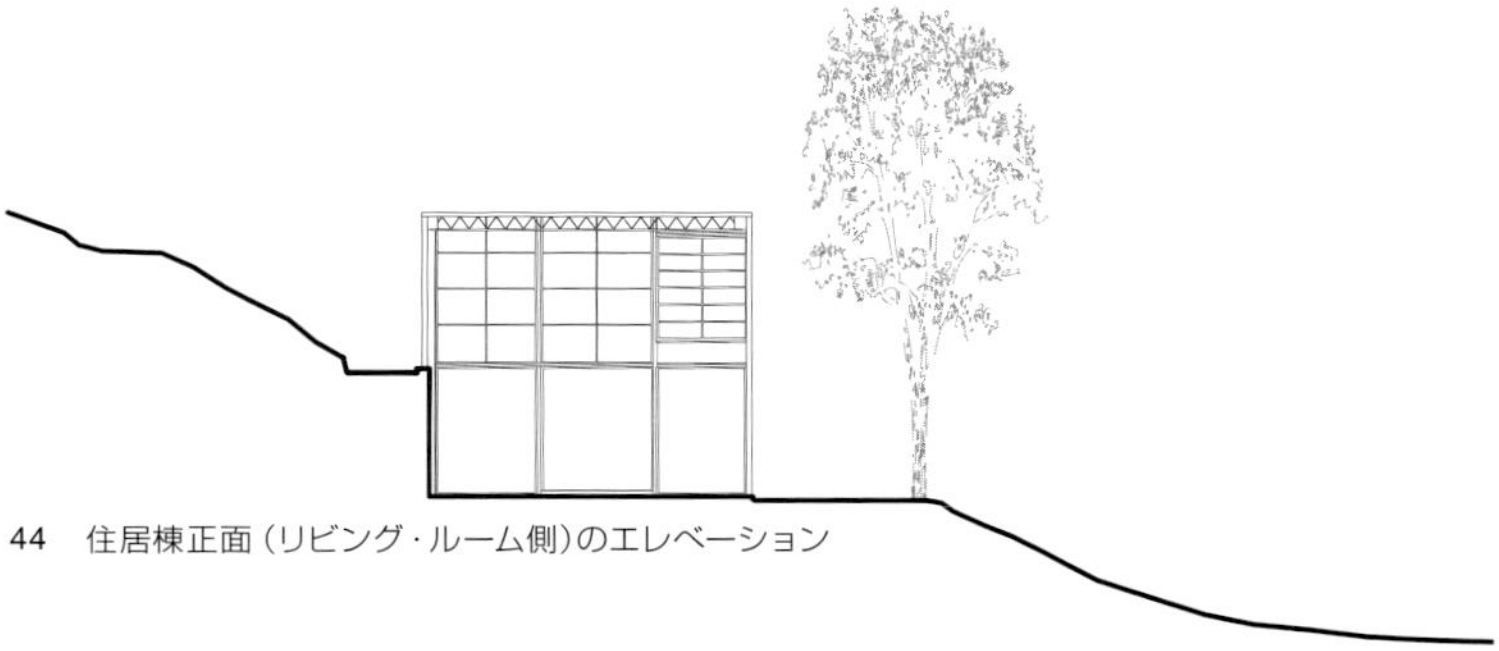
44 住居棟正面（リビング・ルーム側）のエレベーション

★29

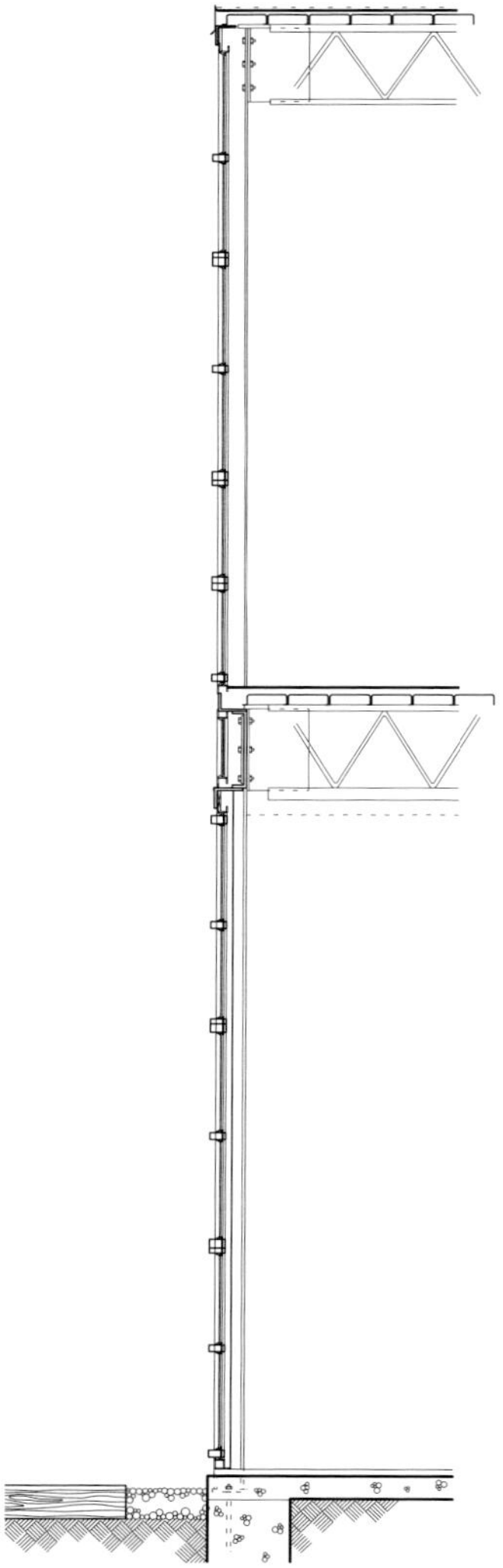

断面のディテール

★30——ピエト・モンドリアン　Pieter(Piet) Cornelis Mondriaan(Mondrian) 1872-1944　オランダ・アムレスフォールト生まれ、アムステルダム国立美術アカデミーを経てキュビスムに憧れパリに滞在。１９１７年にテオ・ファン・ドゥースブルフと共に『デ・スティル』誌を創刊し「新造形主義」を唱えたが１９２５年に同誌を去る。水平・垂直に限った直線と限られた数の色彩のみを用いた抽象的な構成を研究するが、１９４０年アメリカ亡命以降は華やかな表現を取り入れた。

★31——ヘリット・リートフェルト　Gerrit Thomas Rietveld 1888-1964　ユトレヒト生まれ、父の工房で家具製作を学んだ後１９１１年から独立、赤と青の椅子（17年）制作後『デ・スティル』に加入（19年）。１９２４年には幾何学的な形態を用いたシュレーダー邸が竣工し、デ・スティルの唯一の建築実作となった。

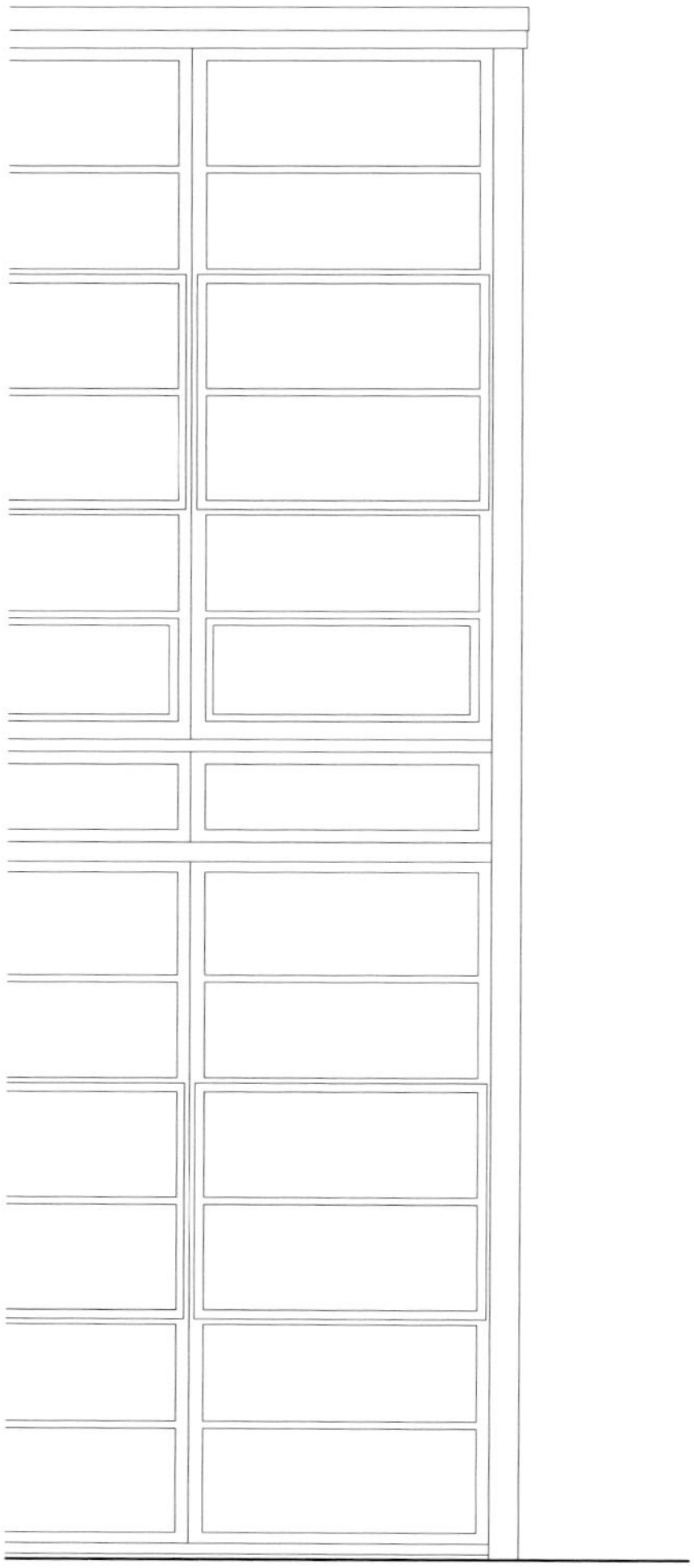

から、中庭に面したエレベーションの考え方と、両棟の外側に面した短辺方向のエレベーションの考え方がずいぶん違うということがわかる。

断面のディテールからも床や屋根スラブがファサードのデザインに対して大きな影響を与えていないことが分かります。

45・46：スタジオ棟内部空間の３種類のスクリーン

46

45

スクリーンとしてのエレベーション

このような検証をふまえて私が仮説を立てるのは、エレベーションが建物の構造と独立した2層分の「スクリーン」としてデザインされたと考えることはできないだろうかというものです。

実際、透明な部分、半透明な部分、不透明な部分という3種類を使い分けながら、2層分のエレベーションを1枚のスクリーンとして構成している。こういう風にして見ると、この住宅のことが段々分かってくるようになる。

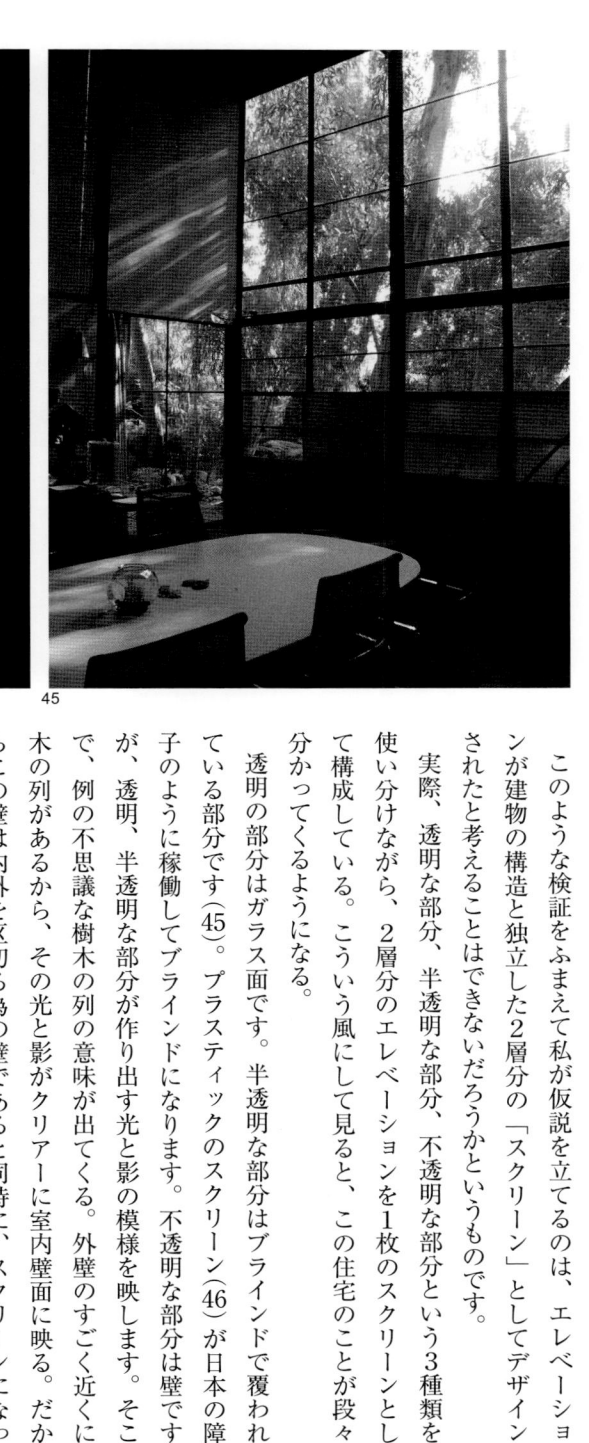

透明の部分はガラス面です。半透明な部分はブラインドで覆われている部分です(45)。プラスティックのスクリーン(46)が日本の障子のように稼働してブラインドになります。不透明な部分は壁ですが、透明、半透明な部分が作り出す光と影の模様を映します。そこで、例の不思議な樹木の列の意味が出てくる。外壁のすごく近くに木の列があるから、その光と影がクリアーに室内壁面に映る。だからこの壁は内外を区切る為の壁であると同時に、スクリーンになっていて、この外部の光と影を映すように機能していると言えます。あるいは、外界と接するための装置になっています。だから壁が壁に感じられない。絶対に均一な表情を作らない。木漏れ日、木々の影、本物の木、外界が曇ると内部も陰っていく状況の変化……。

また、階段を上って行くと壁面の材質変化に応じてシーンが連続的に変わっていく。レベルを上がれば外界がクリアーに見えて、下りれば外界がぼんやりと映っている。階段1本を上り下りするだけでいろいろな出来事が起こるようになっています。

住居棟の2階にはトイレ(47・48)があります。曇りガラスが入っていて、裏側の緑が薄く映っています。透明ガラスにもカーテンがかかっていて、開けると外側が見える。いろいろな様相を作り出せる。

49

48

47

47・48：住居棟 2 階トイレ
49：書斎
50・51・52：スクリーンのバリエーション

50

52

51

リビング・ルームでの光と影の変化

53

同じく2階の書斎（49）には、レイ・イームズの服がそのままの状態でまだ残っています。服のアーカイブが出来るくらいすばらしいデザインのものばかりです。この部屋の窓にある障子のような可動スクリーンを動かしてみました。日本の障子と違うのはスクリーンそれぞれの厚さがかなり厚いので、これが2枚重なると、すごく濃くなるわけです（50〜52）。

やはり木が近くにあるからこういう効果が起きる。木がなければ何も起こらない。つまり樹木の列が壁面とセットになって、スクリーンとしてのファサードになっている。1日この住宅に滞在して分かったのはそういうことです。だからつかの間訪ねただけではこの様相の移り変わりは分からないと思います（37ページ）。

54

54・55:
チャールズ・イームズ撮影の写真

このスクリーンという解釈を補強するわけではありませんが、リビング・ルームの開口部の隅(53)にはチャールズ・イームズ本人が木の光と影を描いた有名なパネルがあります。もう色が薄くなっていますけれど、イームズ自身がこのファサードを木の光と影を映し出すスクリーンとして考えていたというステイトメントみたいなものかなと思ったりします。チャールズ・イームズが撮影した写真(54・55)からもこのことは見て取れます。

55

左ページ
レイ・イームズのスケッチ
上：スタジオ棟のエレベーション
下：住居棟のエレベーション

外縁＝エンベロープとしてのエレベーション

レイ・イームズのスケッチに、住居棟とスタジオ棟のエレベーションが直方体の展開図のように回り込んだところまでを描いているものがあります。これを見ると、それぞれのエレベーションは単独で考えるべきものではなく、全体を繋げて連続して考えるべきものであるということが分かります（41ページ）。

なんでこんなことをしたのかということで、２つ目の仮説を立てました。スクリーンという捉え方の延長にあるのですが、外縁＝「エンベロープ」としてエレベーションを捉えられないかというものです。インテリアの空間を、様々な映像を映し込むスクリーンがエンベロープのように包み込んでいる。そして、エレベーションの連続が何に由来するのかというと、それは映画的な発想ではないかと思うのです。映画の中でパン（パンニング）というテクニックが使われることがあります。位置を固定されたカメラが右から左、左から右へと視角を水平に振ることです。このテクニックが当時のハリウッド映画で多用されています。同時代の視覚文化的な流行ということかもしれませんが、数多くの映像作品を残しているイームズが、カメラを建築に置き換えて、建築で世界をパンすると試みたと仮定することが可能ではないでしょうか。

スタジオ棟の入口の出隅を見ながら検証していきましょう。ミースのファンズワース邸でもそうですが、出隅に建築の思想は如実に出てきます。それがイームズ・ハウスでは実におざなりなんです。柱が、工場のように即物的に、実におざなりに接合されている。どういうことかというと、つまりコーナー部分のディテールを全体のプライオリティの中で重要視していないということです。例えば主要な目線の操作などは考えられておらず、普通の技術で接合されて

スタジオ棟の出隅

住居棟の中庭側出隅

いる。コーナーにまるで思想がない。コンクリートの壁があったからぶつかりましたという身も蓋もないエレベーションになっている。コーナーで特別なディテールを主張せずエンベロープのようにずーっと外縁しながら、包み込んでいる。

リフレクション・オブ・ザ・ワールド——世界を映し出す住宅

結局、イームズはこの家で何をしたかったのか。ひとつの結論として「リフレクション・オブ・ザ・ワールド」というキーワードを考えました。「世界の反映」あるいは物理的に「世界の反射」という意味です。映画のスクリーンのように世界を反映したり反射するものとして建築を捉えられないか。そこで、イームズが残しているものに、このようなコンセプトが現れていないだろうかと思いアーカイブを調べたわけです。すると案の定、チャールズ・イームズがリビング・ルームを外から撮影した写真でガラス面に木々が映り

チャールズ・イームズ撮影の写真

込んでいるものがありました。まさにリフレクトすることを本人も考えていたのではないでしょうか。また、日が暮れてから撮影した写真もあります。建築写真の常識では、外から内を写す時はカーテンを開けておくのですが、わざとカーテンを閉めて内部の光と影を見せようとしている（43ページ）。

「カッティング・ザ・ワールド」、世界を切り取るものとしての建築という考え方もこのファサード＝スクリーンについて言えるのではないか。世界を切り取るということとは、すなわちある種の解釈をするということです。「インタープリテーティング・ザ・ワールド」。透明な部分、不透明な部分、可動スクリーンによって透明になる部分、半透明になる部分が組み合わさってひとつの映像を作っていて、しかもその都度見え方が変わっていく。光と影が現れて消え、それぞれの部分に切り取られた「世界像」が時間の経過とともに様相を変化させる（56～58）。

後にイームズは複数のスクリーンを使ってそれぞれ関連する違う画像を投影する、マルチスクリーン・ショーを開発します（59～63）。「カッティング・ザ・ワールド」という切り口で考えると、イームズ・ハウスのファサードにすでにこのマルチ・スクリーンの手法が実現されているのではないかと思えてくる。世界を映す「スライド・ショーとしての建築」のエレベーション。

イームズのマルチ・スクリーンは、それぞれの画像が単体で重要なわけではありません。画像それぞれの類似と相違の総体として全体がある。同じ2でも、サイコロの目の2と、数字の2、2つのリンゴというように、2という共通項がありながらも示すものは違う（64～65）。そういうことです。

56

57

58

64

65

59

60

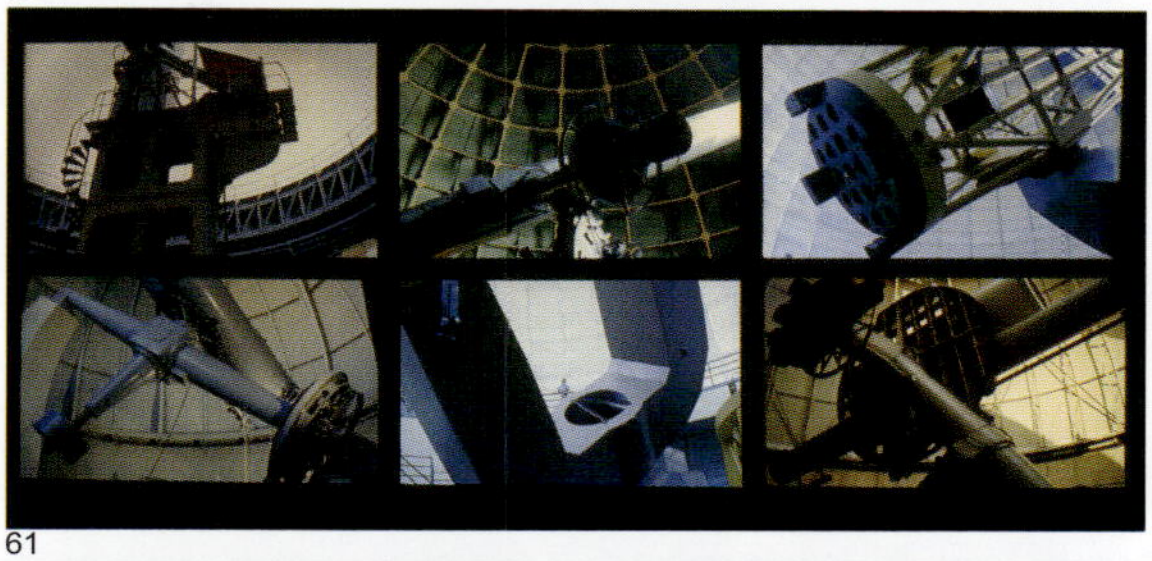
61

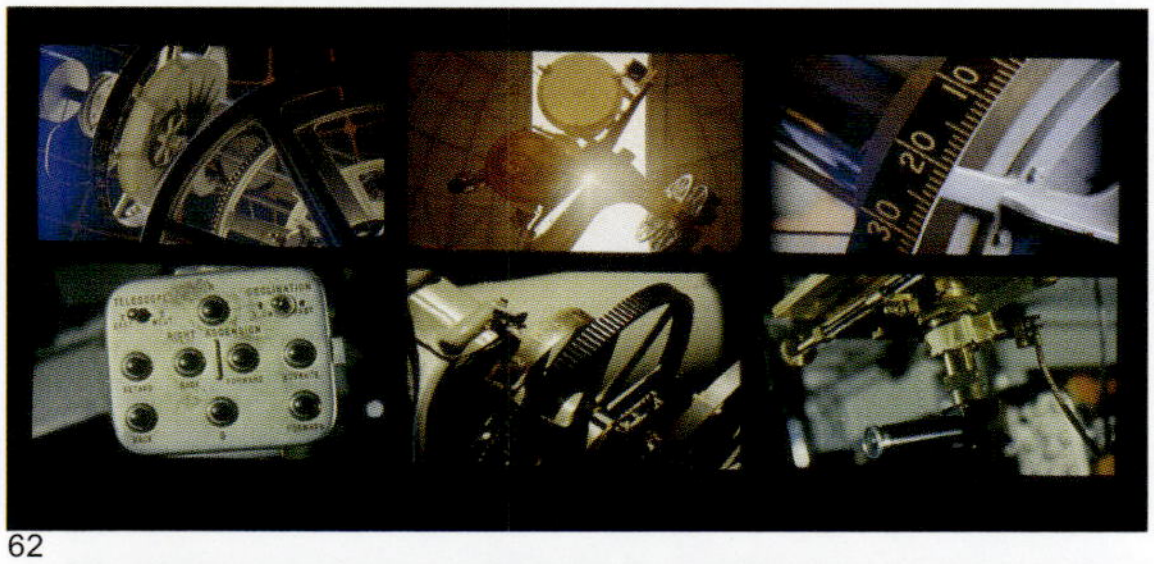
62

63

59～65：マルチスクリーン・ショー（部分）

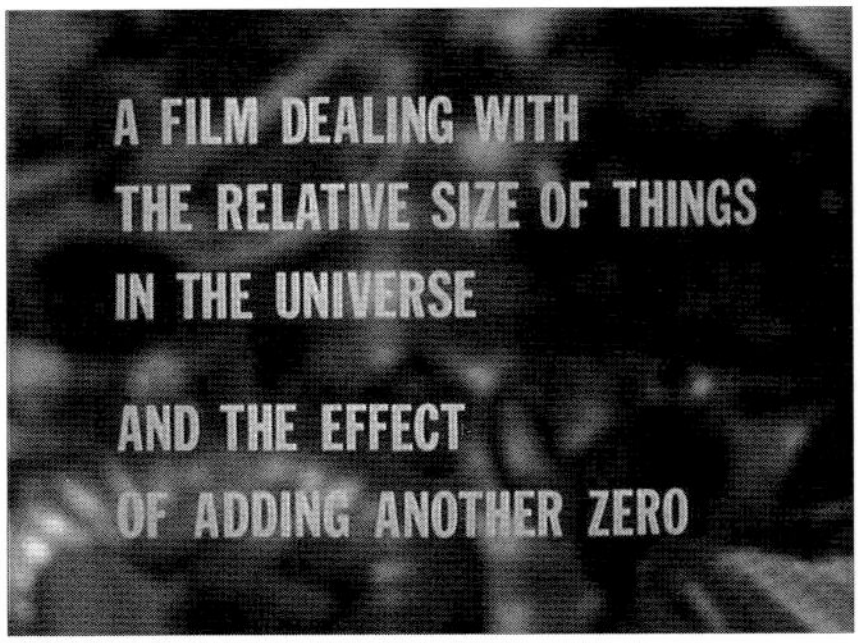

ズーミング――イームズがやりたかったこと

イームズの映像作品でもっともよく知られているのは、「パワーズ・オブ・テン」[32]だと思います。この作品は10のn乗の世界を表現したものです。ヒューマン・スケールである1メートル四方（10の0乗メートル）の世界から始まって、10メートル四方（10の1乗メートル）、100メートル四方（10の2乗メートル）、1000メートル四方（10の3乗メートル）とどんどん拡大していって、銀河スケールにまでたどり着いたところで、今度は縮小に転じます。0・1メートル四方（10のマイナス1乗メートル）、0・01メートル四方（10のマイナス2乗メートル）、0・001メートル四方（10のマイナス3乗メートル）……と小さくなっていき、電子顕微鏡で見るような原子レベルの世界を映し出します。

イームズ・ハウス自体が、この「パワーズ・オブ・テン」と同じように、世界のズームインとズームアウトだと思いました。イームズ・ハウスと世界の関係も、同じような関係なのではないか。

★32――パワーズ・オブ・テン Powers of Ten イームズ夫妻によるフィルム。1968年にパイロット版、77年にカラー版が作られた。タイトルは10のべき乗を意味し、日常風景からカメラのフレームを拡大して10の25乗mの宇宙まで、また縮小して10のマイナス16乗mの陽子・中性子までを一連のシーンで示した。

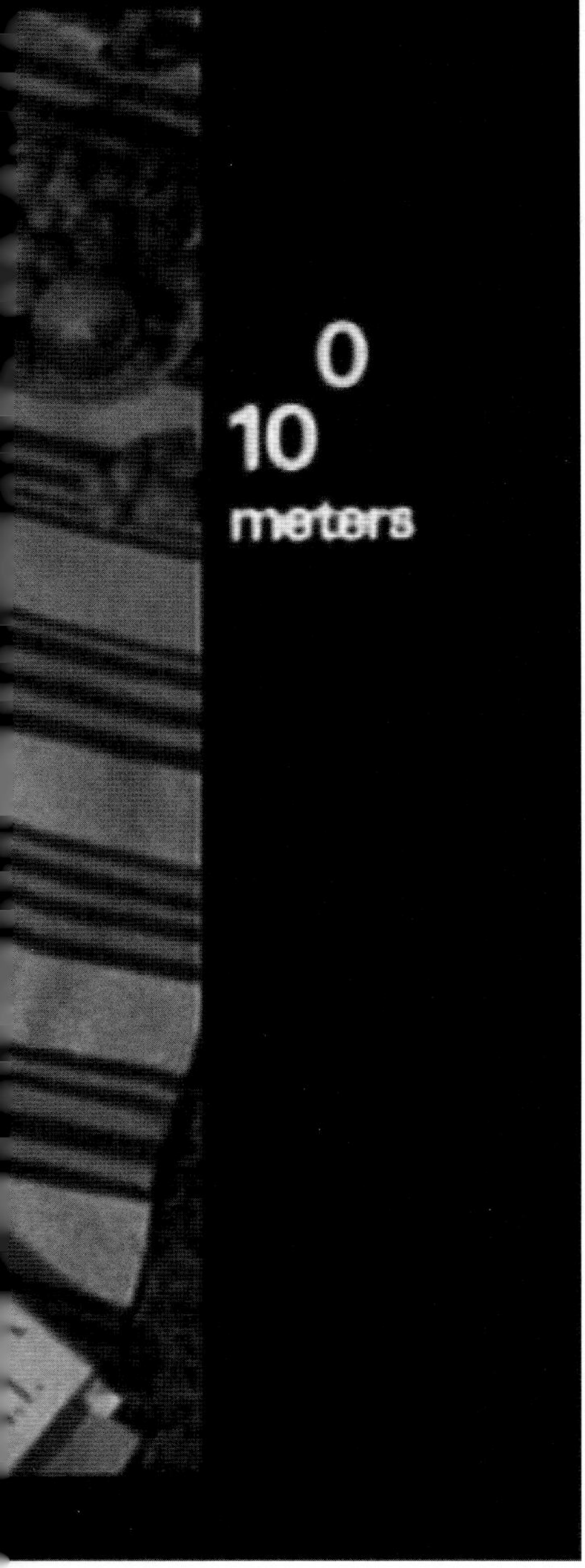

「パワーズ・オブ・テン」より

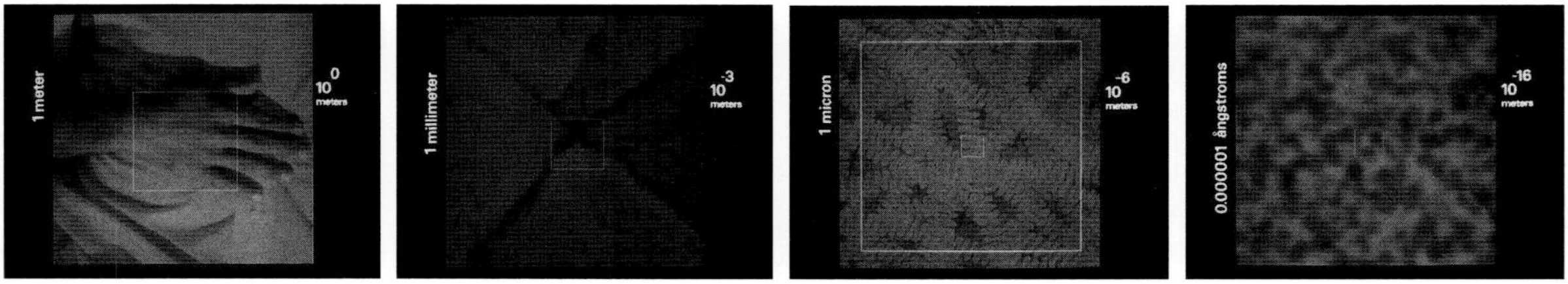

1 meter

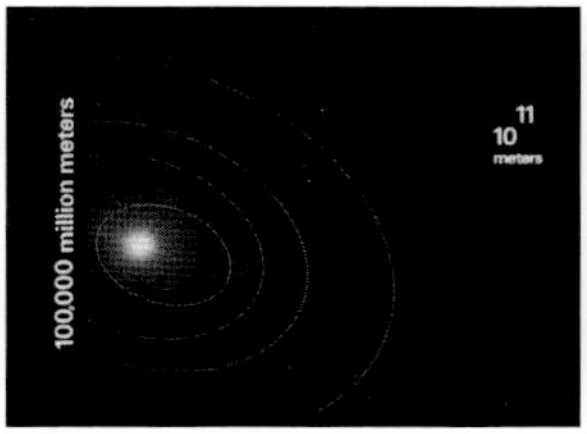
100,000 million meters
10^{11} meters

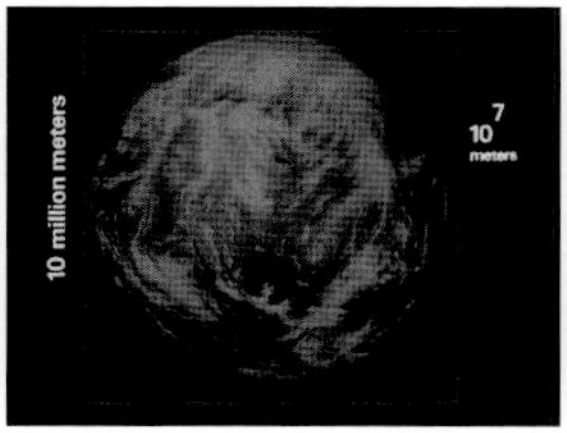
10 million meters
10^{7} meters

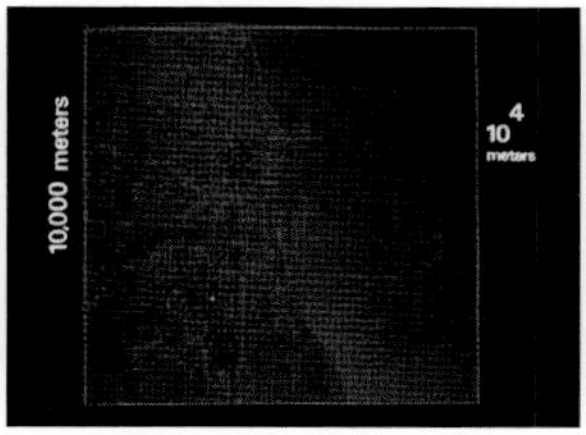
10,000 meters
10^{4} meters

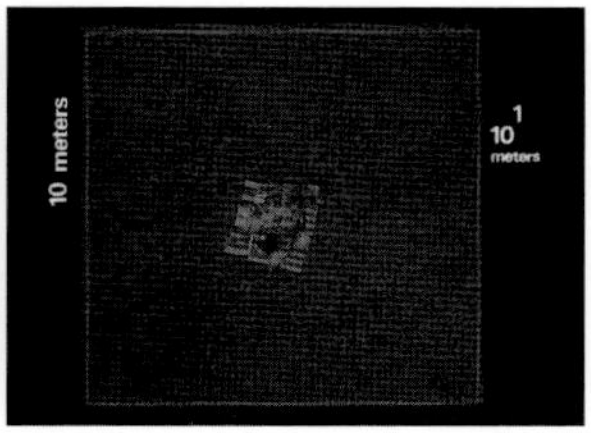
10 meters
10^{1} meters

66

67

68

69

チャールズ&レイ・イームズ（左奥に見えるのがアルコーブ）
撮影：ジュリアス・シュルマン

リビング・ルームの奥にある例のアルコーブ（66）へもう一度戻ってみましょう。この空間を中心にして、ズーミングしながら、シークエンシャルに繋がって行く空間を考えてみます。

リビング・ルームの中で非常に奥まった空間にあるアルコーブ。少しズームアウトすると、アルコーブを含むリビング・ルームが建物の中でもっとも奥まった場所にあることがわかる。さらに引いていくと、敷地の中で建物自体がアルコーブのように奥まって斜面に張り付いていることがわかる。次は敷地全体が太平洋という壁に面する丘にありそのエッジに住宅は建っていることがわかります（67～72）。しかし、そもそもロサンゼルス全体がアメリカの西の端の突き当たりにあるのではないか、世界地図で見れば、日本が右端のファー・イースト（極東）であれば、アメリカ／カリフォルニア／ロサンゼルスは「ファー・ウェスト（極西）」にある（50ページ）。というように、イームズ・ハウスそのものがこの「パワーズ・オブ・テン」のズー

70

71

72

ミングの構造の中に存在しているのではないか。そして建築が世界の一部であること。そのことをイームズが考えていたかどうかはともかく、少なくともあのアルコーブとリビング・ルームの関係、あるいは住宅の配置と敷地との関係は建築家が自分で操作することが可能ですから、回り込みながら縮小していく状態のプロジェクトであるということは言い切れると思います。

　これはすごく象徴的な写真だと思うんです（左写真）。後ろの擁壁の壁です。その壁からガラスのスクリーンに向かってカメラを構える。

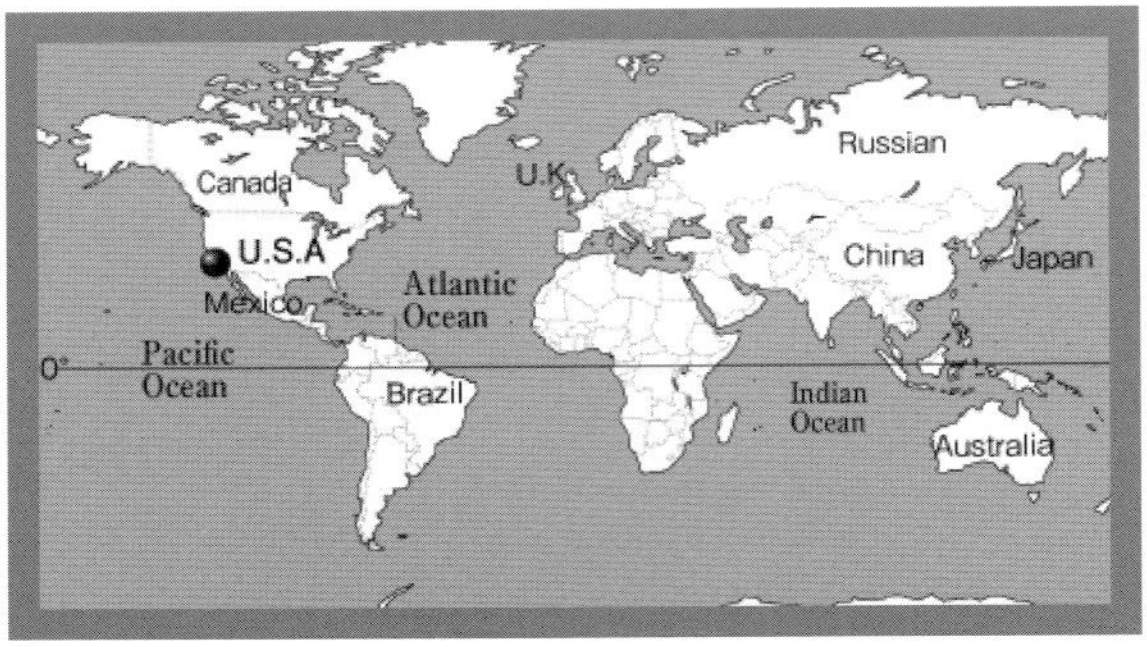

73

74

75

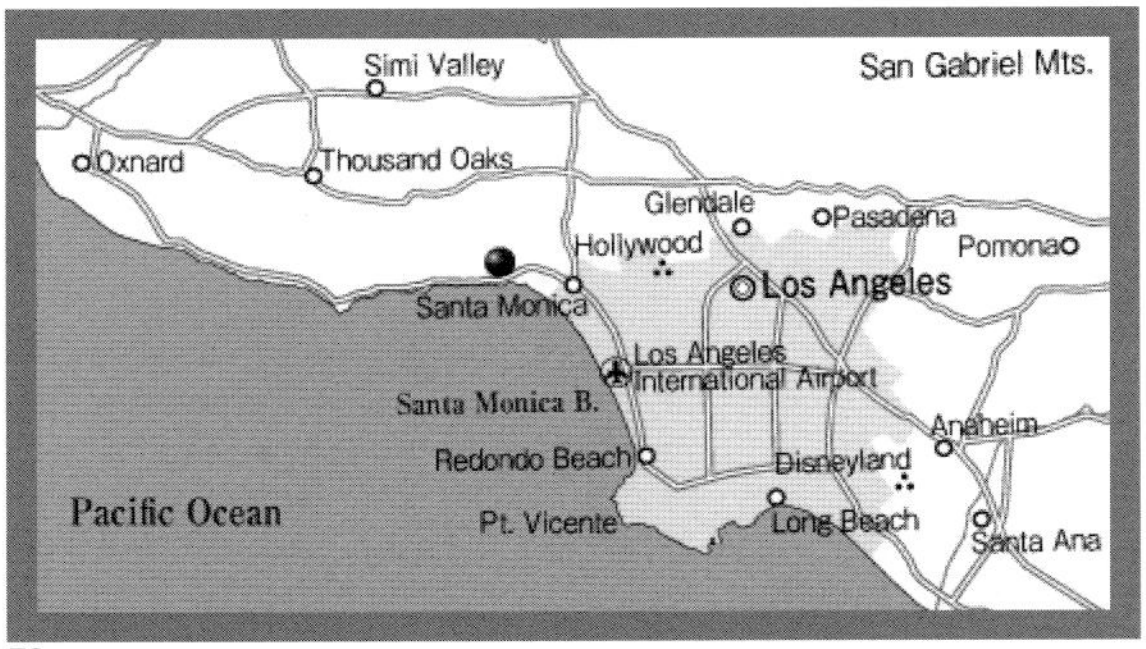

76

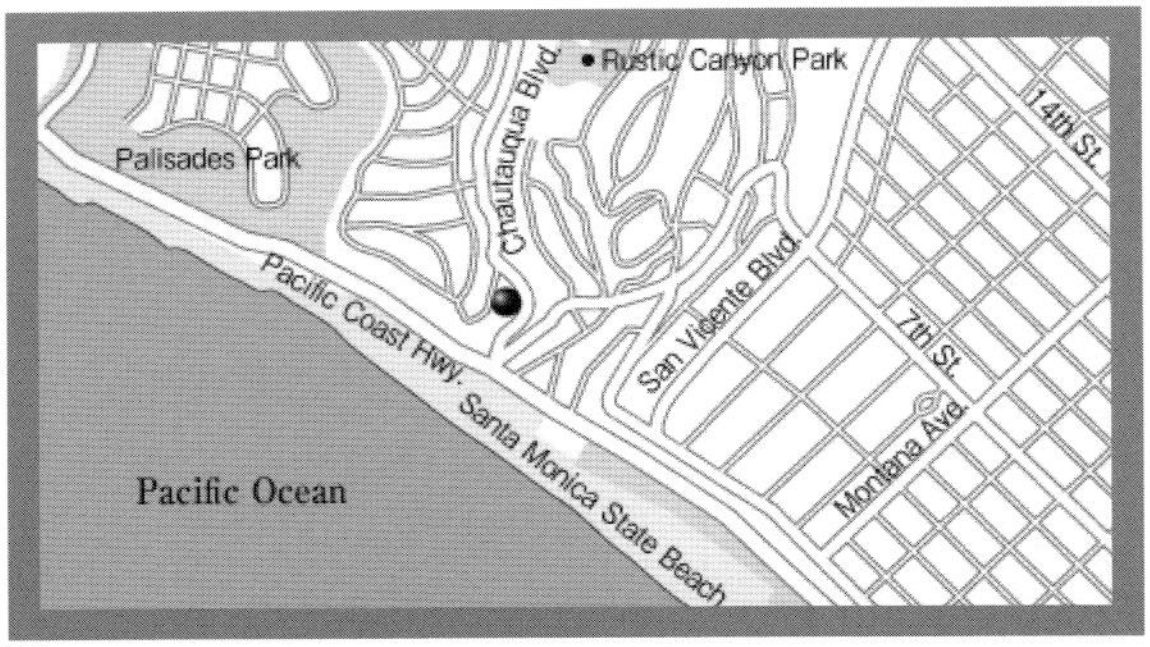

77

78

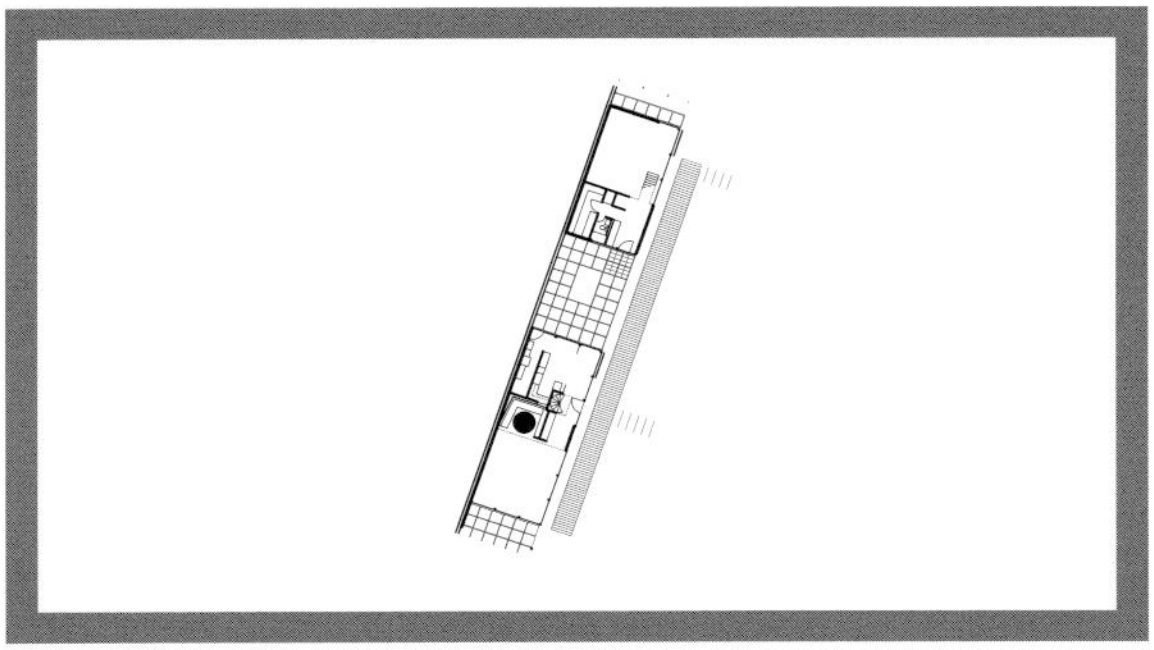
79

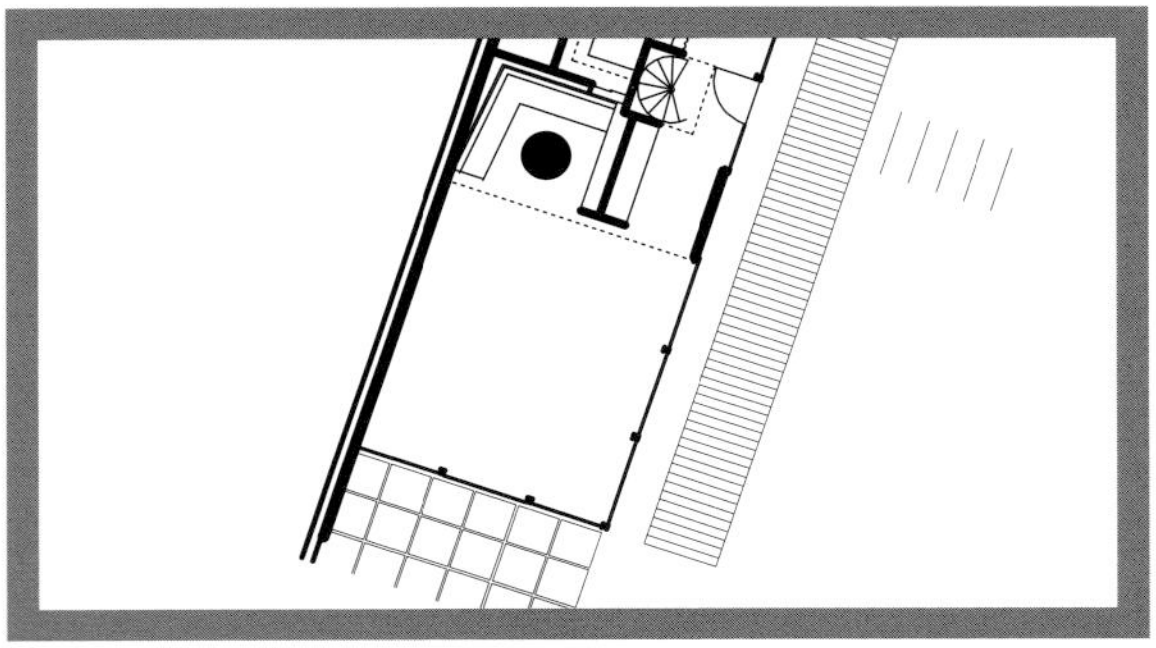
80

これまでずっとお話してきたファサード、スクリーンは「パン」して「カット」して「ズーム」していくという要素としてのスクリーンという解釈をしてきたわけですが、すなわちイームズにとっては壁をバックにしてカメラを構えて世界切り取るという感覚だったのではないか。こうしてイームズが撮った写真の出来上がった結果として、写真や映像表現と同じような文脈の中にこのイームズ・ハウスがあるのではないかと私は考えます。

結論の仮説3ですけれども、「パワーズ・オブ・テン」じゃないですけど、建築が「a part」、世界のごく一部分なんだけど、逆に言えば世界のごく一部足りうるに価するものであること。それを言いたかったのではないか（73〜80）。

最後にお見せするのが「ウエストサイドストーリー」という１９６１年に公開された映画です（52ページ）。これはイームズ・ハウスと同じ時代の映画で、「パン」して「カット」して「ズーム」するということによって見えてくる世界があるということを体感していただこうと思います。正確に言えば映画というメディアで最初に「パン」という技法を使っていたのは１９５３年に公開された「聖衣」という映画ですが、私たちの世代にイメージとして強烈に残っているのはこの「ウエストサイドストーリー」の冒頭のシーンです。「パン」して「カット」して「ズーム」して見えてくるニューヨーク。

こうして「パン」して「カット」して見えてくる世界像があるということ。それを映画というメディアが発見した時代。それより先駆けてイームズ・ハウスがそれを実現していたのではないか。そんな風に考えると世界は楽しくなりませんか。以上で私の話を終わります。

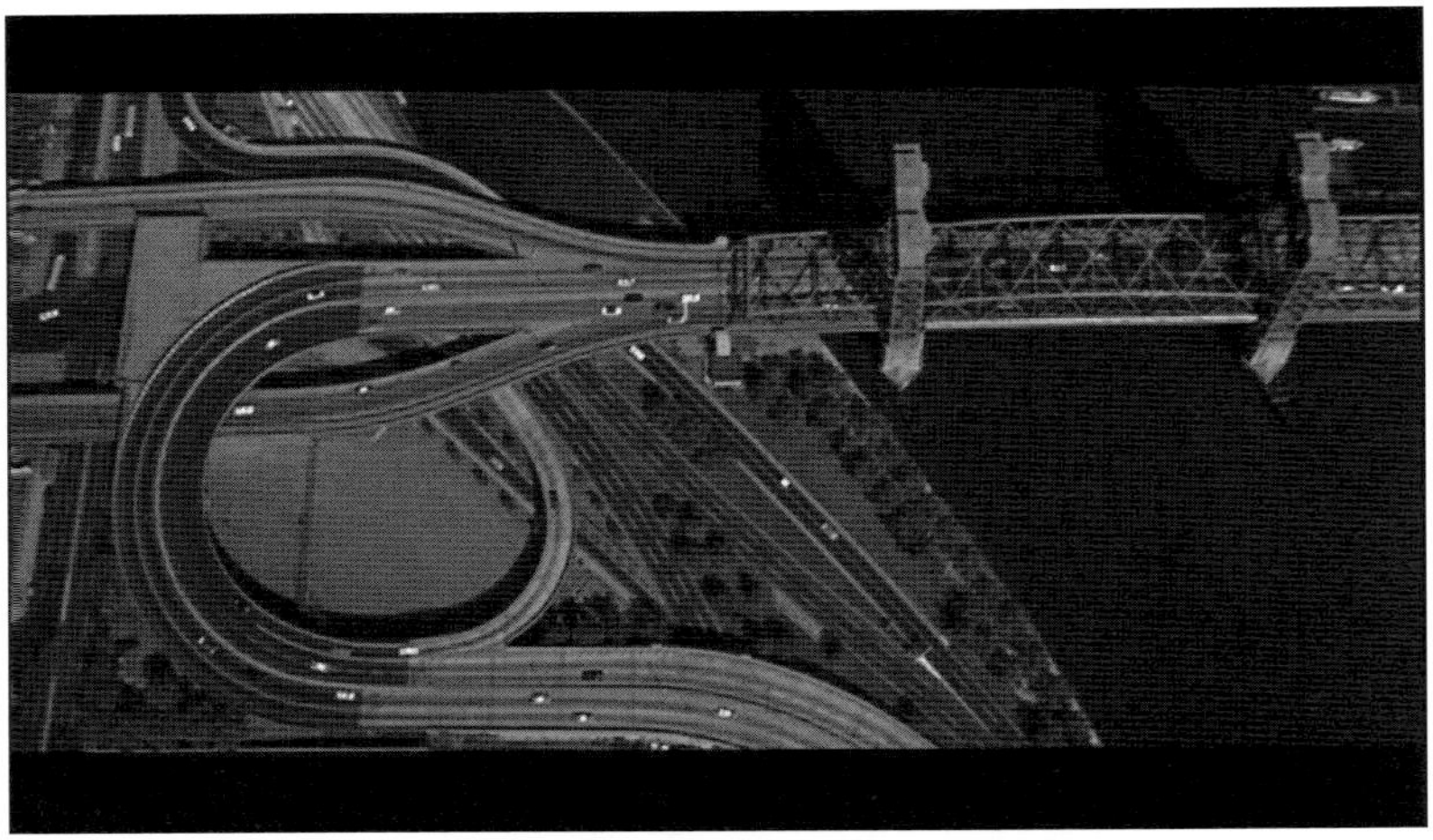

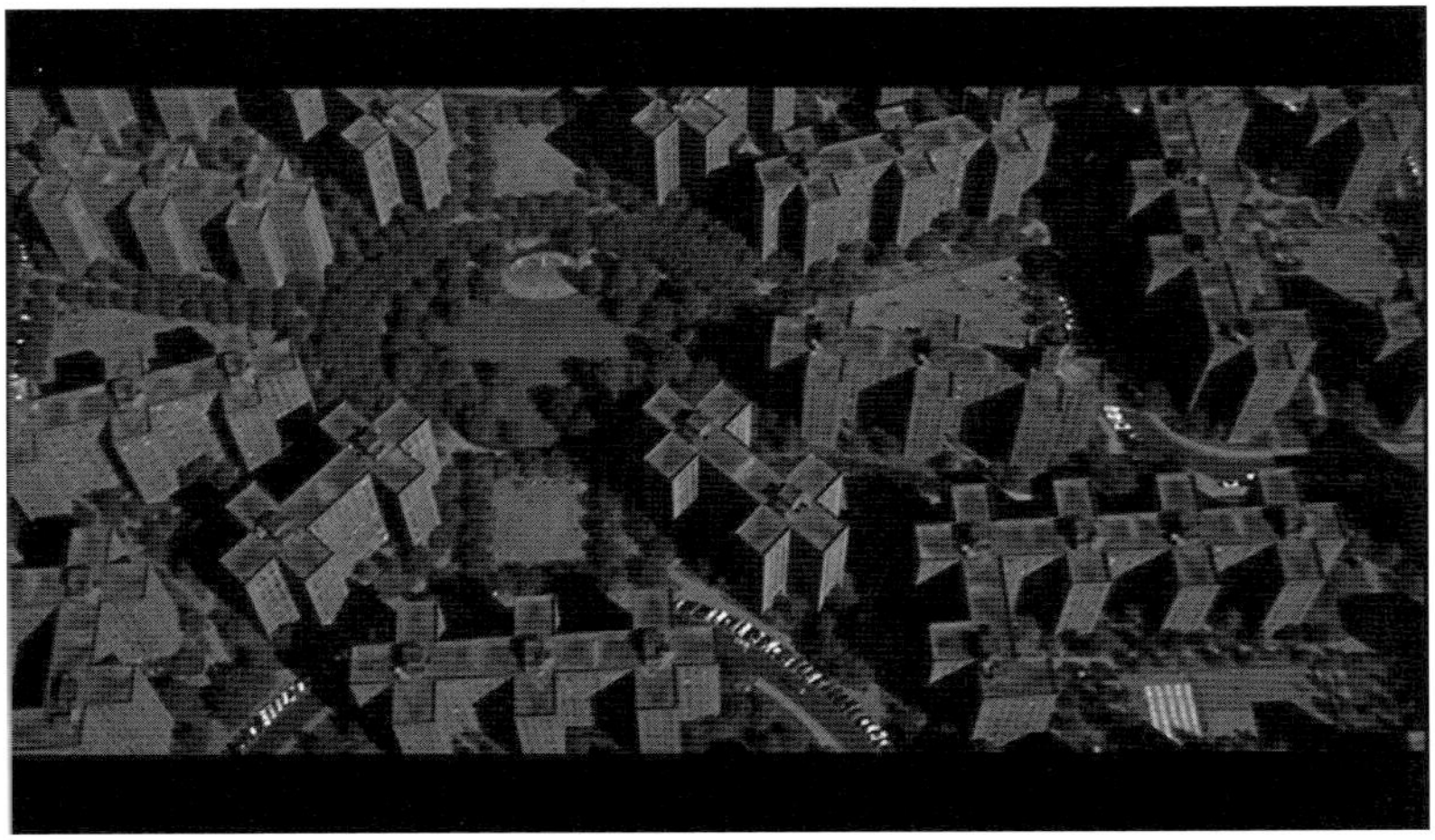

映画「ウエストサイドストーリー」（1961）より

Discussion

岸和郎＋後藤武／五十嵐太郎／渡辺真理／米田明／高木伸哉

後藤武——ビアトリス・コロミーナが、イームズ・ハウスに対するメディア論的なアプローチを行っていて、その中でこの住宅のスクリーン的な性質に言及していたことはありました。しかし今回のレクチャーでここまで具体的かつフォーマルに、なおかつチャールズ・イームズの映像作品「パワーズ・オブ・テン」とも繋げながら、話を聞くとそのとおりとしか思えません。

岸和郎——最初に私が考えたのが、なるべく壮大なヨタ話にしたいということでした。だから本当はイームズがどう考えていたのかには限りなく興味がない。イームズもそれを証明するかのような写真を撮っていると紹介しましたが、それはアーカイブの中にちょうど適当な写真があったから選んだだけです。イームズ本人がそんな風に考えていたかどうかは、もうまるでわからない。でも、その方が面白い。建築見る時には映画を見るように楽しみたいと思っているわけです。自分の設計に活かそうとか、そこから得るものがないかとか、そういう風に思わないように意識的にしています。

だから今回の話も、どうするとイームズ・ハウスを楽しむことができるかということにつきる。基本的には肉体派なわけです。肉体派っていうのは現場に身を置いて何を感じるかしか信じてないところがあって、イームズについて誰かが書いた本を読んで構想したわけではない。スクリーンというのも、現場に行って朝から夜までいて分かったことです。ずっとメモを書いていくうちに、このファサードはスクリーンだと。なぜ、木が繋っているところに建物を配置したのか、あの変な配置計画はどういうことなのだろう。普通の建築家だったら絶対やらないであろう配置計画だというところから、「スクリーン」ということでヨタ話ができないか。ハリウッドのあるロサンゼルスですし、映画と結び付けて「スクリーン」という話を考えてみようと思ったのです。体験から話を延ばしていったという感じです。

だから今回の訪問が私自身の設計の役に立ったかというと、あまり役立っていないのではないかと思っています。

後藤——岸さん自身は、設計する時に「パン」や「カット」や「ズーム」という意識は持っていますか？

岸——それはないですね。むしろ最初に言った、「正面性」と「斜方向性」です。私たちはピーター・アイゼンマンやコーリン・ロウにすごく影響を受けているので、実際に建物を訪れるとプランの分析を欠かさず行ないます。建築に出会った時に「こんにちは」と、ノックしている感覚です。

後藤——イームズ・ハウスが出来たのが１９４９年。「パワーズ・オブ・テン」は１９７７年です。その間が30年近くあります。イームズは建築作品はほとんどないですね。49年の段階で、あれだけ緻密に建築空間における運動と、後の映像作品の端緒となるような作業を成しえながら、なぜそれを建築で展開していかなかったのか。例えば、コミュニケーション・デザインやメディア・デザイン的な方向に向かっていく。それはいったいどういう趣旨だったのか。建築をこの時点で見切ったのかと思っているのですが、どう思いますか？

岸——ビリー・ワイルダー[33]の住宅や映画のセットも手がけていますが、多分、本人の興味は視覚的なことにあったのでしょう。そ

の為の道具としての建築は鈍重過ぎるのではないか。たぶん建築が視覚的な世界観のツールとしては不自由だと思ったのではないでしょうか。イームズ・ハウスは、視覚を通じた世界表現としての建築的ツールにかなり近づいた仕事だと思います。

後藤——ル・コルビュジエにしてもミースにしても、最初は映画から出発するようなところがある。しかし、ある時期から映画のメタファーを追っかけていてもダメだという意識が出てきたのではないか。空間は空間であり、空間独自の編集の仕方がされることによって、建築も変わっていった。ミースがドイツからアメリカに行って、ファンズワース邸に行く過程にも、ちょっとしたシフトがあった。お話を伺って、チャールズ・イームズはこの住宅で映像としての建築をやり尽くして、建築からは離れて行き映像を追求していく方向を目指し始めたというように感じました。

岸——例えば、ル・コルビュジエのアーキテクチュラル・プロムナード[34]は映像的な表現ですよね。シークエンシャルに空間を見ていく、連続的に情景が移り変わっていく建築表現があります。イームズ・ハウスの階段を上っていく経験もシークエンシャルな経験ですが、ル・コルビュジエと較べるとよりデジタルなのです。映像が切れている。透明がバチッと切れて、半透明になり、次に壁になる。だから、サヴォワ邸のスロープを上がって行く体験とは全然違う。切れ切れのコマが編集されて映像が出来ている。あの階段上ってると、その辺の肉体感覚が、ル・コルビュジエとは違うなと思いました。

五十嵐太郎——１９８０年代後半に学生だった私たちの世代では、イームズは当時ほとんど話題に上りませんでした。名前も知られていなかった。だからその後、現在のように評価が高く変わったことについては私も驚いています。逆に、今は学生たちにとっては当たり前のように知っています。

イームズ・ハウスについては、たしかにコロミーナのメディア論的分析はありますが、ここまで徹底的に建築の側から空間の形式を分析してそれが最終的にメディアの問題に着地していくという議論は初めてです。

私は実物を見たことがないのですが、ロサンゼルスという場所と敷地を考えると、きっと太平洋がよく見えるのではないかと想像していました。ところが、全然違う問題を提起している住宅だったということが、今回、非常に説得力のある形で理解できました。以前、イームズ・ハウスについて「ハウス・オブ・カード」[35]のようだと思ったことがあります。特にスクリーンというのは、差異を発生させるための装置でもあります。だから青や赤の意味というよりは、むしろ隣り合う壁面が違うということが重要ですね。

イームズが１９７０～80年代に忘却されたというか、建築の中でなかなか語られなかった背景に、建築の歴史の中で位置付けにくいというか、彼ら自身のキャリアを見てもずっと建築を手がけていたわけではなく、突然ひとつの事件のように自邸が出てきたということがあるのではないでしょうか。おそらく、ヴェンチューリであれば批評家でもあるので、自分の位置を評価して、どう歴史に位置づけるかを戦略的に考えながらやります。だから、ある限りにおいてはなかなか忘却されないと思います。

岸——イームズ・デミトリアス[36]というイームズの孫（イームズの娘、ルシア・イームズの息子）がアーカイブを管理しています。今回、再撮影が可能になったことについて聞いたら、私が大学院で建築史の研究室に在籍していたからと言っていました。歴史的な文脈の中にイームズ・ハウスを位置づけてくれる本を書いてくれると思ったそうです。彼らもこの住宅が近代建築の文脈の中に収まりにくいことは十二分に理解している。

渡辺真理——イームズ・ハウスにおけるレイ・イームズのデザイン上の貢献としてあげられるのが、外壁パネルのカラー・スキームです。レイは『アーツ・アンド・アーキテクチャー』のエディトリアル・デザインをやっていましたが、若い頃、ニューヨークで当時の最先端のアートの教育を受けています。

ところで、イームズが自邸のデザインをしている時にたまたまニューヨークのＭｏＭＡ[37]でミースの展覧会をやっていた。イームズはそれを観に行って帰ってきてから、最初のキャンティレバーの案をやめています。イームズはミース展を見たがゆえに初期案を変えざるを得なくなったのかもしれないですね。

岸——ミースのスイスの住宅のスケッチですね。イームズはそれを見てやめた。一方、フィリップ・ジョンソン[38]は自分で実施設計して建てました。ミースのスケッチを見てやめる人と、やる人と……、なかなか建築って奥深いですね。

後藤——１９４７年のＭｏＭＡのミース展はすごく影響力がありました。あの展覧会そのものが「パワーズ・オブ・テン」の起源ではないでしょうか。会場構成や、写真を巨大に拡大したり、実物を模型のようにしたり、イームズもとても刺激を受けて、それで住宅の案が変わったというのは、面白いと思います。

米田明——第1案はある意味で、フリースタンディングな近代建築の一番ピュアなイメージから出来ている。しかし、第2案の実際の建物は半分土に埋まっているような状態です。私もなぜわざわざ建築としてはピュアじゃないかたちにもっていったのか非常に不思議でした。

今日、リビング・ルームの奥まったアルコーブの話を伺って思ったのは、イームズは成形合板の技術を使って、まず負傷した兵士のための脚の添え木を作り後に家具に応用するわけですが、イームズ・ハウス自体も「添え木」のような性質を持っているのではないかということです。地面、あるいは世界に対して人間の身体、さらには生活を支える添え木であるということが言えるのではないかと思います。

岸——添え木、いや、それすごく面白いですね。

高木伸哉——ケース・スタディ・ハウスは一般的な住宅の質を底上げしようというテーマがありましたが、イームズ・ハウスでは量産化というものは意識されていたのでしょうか。

岸——他のケース・スタディ・ハウスでは、プロジェクトを実施するために金属加工のメーカーを総動員して材料を用意しています。例えば、キリングワースのケース・スタディ・ハウス♯25では、飛行機会社のノースロップに依頼して、幅1メートル×高さ6メートルの扉を作るわけです。このように一般的なケース・スタディ・ハウスの場合は、建築家が作りたいもののイメージを、テクノロジーを提供する側がフォローしている。ところが、イームズ・ハウスはむしろ自覚的に既製品のカタログからセレクトしたパーツだけで作りました。「スペシャルなオファーは出していません」という態度を取り続ける。だから他のケース・スタディ・ハウスとはベクトルが逆でしたね。

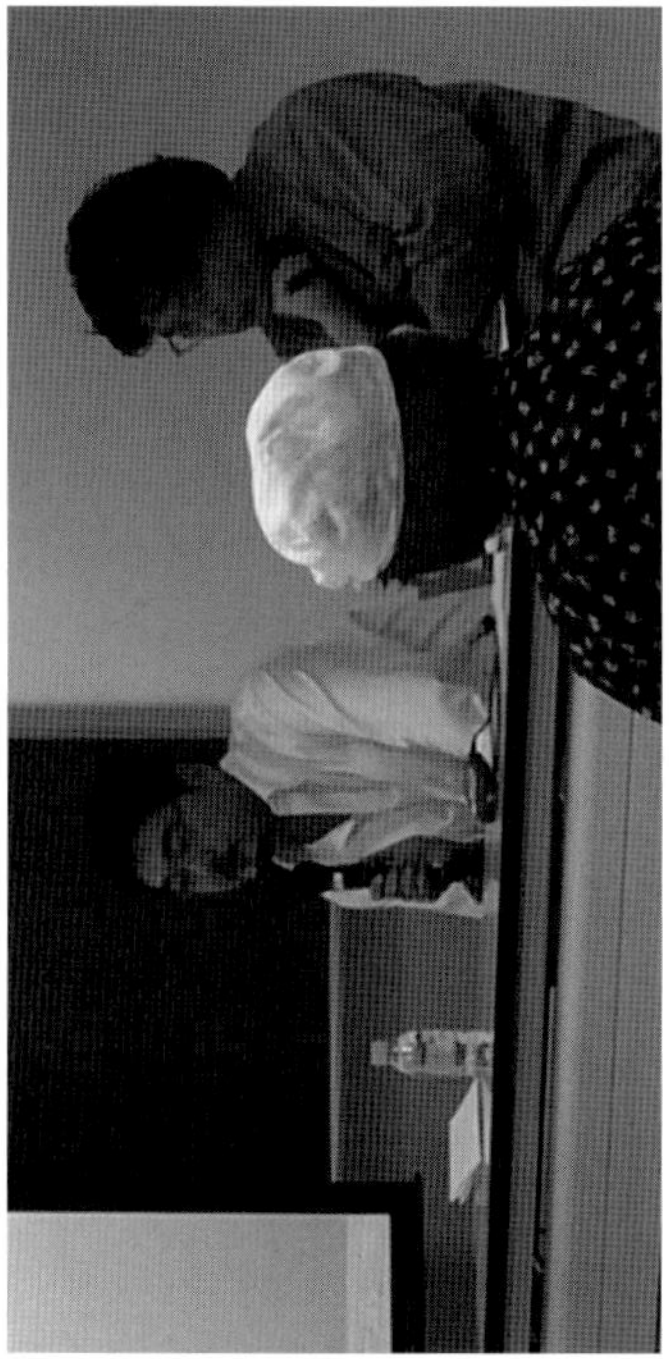

★33——ビリー・ワイルダー Billy Wilder 1906-2002 本名ザームエル・ビルダー。オーストリア＝ハンガリー帝国・ズーハ（現・ポーランド領）生まれ、1920年代後半からベルリンで映画脚本を手がけ、フランスを経てアメリカに1934年亡命。アメリカでは42年から映画監督を始め、「深夜の告白」（44年）、「サンセット大通り」（49年）、「七年目の浮気」（55年）、「情婦」（58年）、「アパートの鍵貸します」（60年）など。

★34——アーキテクチュラル・プロムナード（建築的散策路） Architectural Promenade / Promenade Architecturale 空間体験を部屋単位として考えるのではなく、いくつかの場の連続（シークエンス）、すなわち、音楽のように運動とともに継起する時間芸術として空間をとらえる視点がル・コルビュジエによって初めて提案された。サヴォワ邸のスロープをめぐる空間体験はその典型である。来訪者が建築内部で歩みを進めるにつれ、さまざまなパースペクティブが継起しながら展開する。ル・コルビュジエはこうした建築的散策路の概念を、アラブの街の中を歩き回ることの楽しさから学んだと説明している。

★35——ハウス・オブ・カード Eames House of Cards イームズ夫妻が制作。カードに入れられた6本の切れ込みを用いて様々な形を組み立てる。1952年製作のもので2種類、その後1953年、70年、74年とカードの裏の模様や大きさを変えて計5種類作られている。

★36——イームズ・デミトリアス Eames Demetrios 1962- サンフランシスコ生まれ、ハーバード大学卒。イームズ夫妻の孫にあたり、1985年から映像作家。「駐車場、1992年8月21日」（92年）、「77ステップ」（2000年）など。

★37——MoMA The Museum of Modern Art, New York（ニューヨーク近代美術館） ニューヨーク市マンハッタン。個人コレクションをもとに1929年開館。創立ディレクターはアルフレッド・H・バー。1939年に現在地に移り、51年から64年までフィリップ・ジョンソンによる増築が相次ぎ、84年にシーザー・ペリによる増築と改装、99年にクイーンズ別館を購入、2004年に谷口吉生による新館が竣工。近現代美術の殿堂。

★38——フィリップ・ジョンソン Philip Johnson 1906-2005 クリーブランド生まれ、ハーバード大学で哲学を学んだ後、1930年からMoMA建築部門ディレクター。「モダン・アーキテクチャー」展、ヘンリー・ヒッチコックとの共著『インターナショナル・スタイル』（32年）を手がける。1940年からハーバードでマルセル・ブロイヤー、ワルター・グロピウスに学ぶ。ガラスの家（49年）、シーグラム・ビル（58年、ミースと共同）、AT&Tビル（84年）など。1979年初代プリツカー賞。

第2章　アメリカの近代住宅の多様性
イームズ・ハウスの位置付けを巡って

American modern houses and Eames House

アメリカの近代住宅の多様性　イームズ・ハウスの位置付けを巡って

はじめに

　建築作品が極めて少ない、むしろ家具や映像作家という捉え方をされているイームズ夫妻について、彼らのその多様な作品の中でイームズ・ハウスをどう位置付けるか、というのがこの章で語られるべきことなのかもしれません。実際これまでのイームズ論ではこの住宅はほとんどそうした文脈で語られてきていますし、作家の作品歴の中の一作品として考えると、そうした捉え方をしたものが多いのもうなずけます。

　しかし、期せずして第1章は、まさにそうした映像作品など他のイームズ夫妻の作品との関係を読解するということになってしまいました。そこで行った分析はそれを生み出したデザイナーの意図を探るというようなものではなく（むしろそれは周到に避けながら）、あくまでもイームズ・ハウスという建築から徹頭徹尾離れないように建築を読解し、建築そのものにまつわる謎解きに挑戦しようとしたものです。その建築作品以外の何かの概念、例えばイームズ夫妻のバックグラウンドや他の作品に「暗喩的」に繋げながら建築を語るという従来の捉え方であれば他にも文献があるのだから、私だけが出来る方法を取りたいと思ったのです。結果として、イームズの建築と映像との関係をそこにあぶり出してしまったわけですから、それが成功したかどうかは読者の判断に委ねざるを得ませんが。

　そんなわけで、この章ではイームズ夫妻の作品歴の中でイームズ・ハウスを分析するということをやめ、「アメリカの近代住宅」という大きなくくりの中でのイームズ・ハウスという捉え方をしてみることを試みます。その中ではこの住宅はどのような意味を持つのでしょうか。実は、第1章の分析が思わぬ結果を導いたように、この第2章もまったく意外な結論が出ると思っています。イームズ・ハウスというのはそういう住宅、一見シンプルに見えるけれどもなかなか手ごわい住宅なのです。

論を進めましょう。

　「思潮としてのアメリカの近代住宅」と聞くと、まず最初に「ケース・スタディ・ハウス」を連想してしまう、というのは私だけではないしょう。1950年代から60年代にかけて『アーツ・アンド・アーキテクチャー』誌というメディアが仕掛け、ロサンゼルスで展開したプログラムとしての「ケース・スタディ・ハウス」。イームズ・ハウスはその中のひとつであり、雑誌というメディアが一連の住宅をプロデュースし、新しいライフスタイルを現実に建っている住宅として提案するというプログラムによって、二十数件が実現しています。日本でも『モダンリビング』誌がその影響下に、１９６０年代に日本のケース・スタディ・ハウスを提案しているほどですし、レンゾ・ピアノやノーマン・フォスターといった建築家達の製図板の前にケース・スタディ・ハウスの写真がピンアップされていたことは有名でした。１９８９年にこのケース・スタディ・ハウスを回顧する展覧会がロサンゼルスＭｏＣＡで開催されましたが、そのタイトルが「Blueprint for modern living－History and Legacy of the Case Study Houses」というものでしたから、このプログラムがアメリカの住宅史にとって、「modern living」――近代の市民生活を象徴するものだと考えられているのがわかるでしょう。

　私もこの魅力的なプログラムに強く興味を抱き、学生時代から資料を片手に訪ね歩いたひとりです（というより当時は資料など殆ど無く、結果的には自分で資料を作成する旅となりました）。しかし、１９７５年から始めたこのアメリカの近代住宅を見続ける旅を続けていく中で、ケース・スタディ・ハウスだけがアメリカの近代住宅の典型ではない、もっと大きな拡がりの中にアメリカの近代住宅はあるのだ、という思いを強くしていきました。あるいは、アメリカという場所全体に共通する「近代住宅」、更には「モダンハウスのイメージ」というものが本当にあるのかという疑念を持ち始めた、と言い換えてもいいでしょう。

　これからお話しするアメリカの様々な近代住宅は、基本的に都市空間の成立と不可分の関係にあります。ロサンゼルスという大都市域の成立とケース・スタディ・ハウス、ニューヨークやボストンを代表とするアメリカ東海岸の大都市とその郊外住宅としてのモダンハウス、あるいはフランク・ロイド・ライトの住宅が沢山集合しているシカゴ郊外のオークパークという郊外地域もそうでしょう。

　それら郊外地域の成立は大都市域と郊外とを結ぶ自動車のためのフリーウェイや郊外電車などの交通機関の成立と不可分の関係に在ったことは勿論です。しかしたとえアメリカ中に同時期に成立していった都市郊外であっても、カリフォルニア、東海岸、それにシカゴなどの中部を考えてみただけでも、その自然や生態系、それにその地域の文化的背景までがまるで違います。メイフラワー号を初めとするピルグリム・ブラザースが到着した場所である東海岸、ニュー・イングランドと、メキシコからお金で買った場所、スパニッシュ・ミッションの建築の残るカリフォルニア、ロサンゼルスとでは、気候から文化までほとんど別の国のようなものではないでしょうか。そのような、いわば「違う国に存在する近代住宅」は共通点も多いとはいえ、かなり異なったものであると考える方が自然ではないでしょうか。

　アメリカの近代住宅といえば、個別のマスターピース以外ではどうもこのケース・スタディ・ハウスを反射的に想い出されがちでした。しかしそれもようやく変わりつつあります。アメリカでは、最近研究書も出版されたハーバード出身の建築家達「ハーバード・ファイブ」による住宅群が再評価され始めており、東海岸のモダンハウスにもスポットライトが当たり始めていますし、ニューヨークを拠点に活躍していたマルセル・ブロイヤーの作品も見直されつつあります。カリフォルニアでは（ケース・スタディ・ハウスも手がけているとは言え）ひとつ前の世代に属するリチャード・ノイトラの作品がポストモダニズムの嵐を経た後に再評価され、オリジナルに復旧すると不動産的にも価格が上がるようになったという動きも報告されています。商品としての価値もあるという訳です。

　つまり、アメリカの近代住宅といえばまず近代建築の巨匠の個別の作品、例えばミースのファンズワース邸、ライトの落水荘、それにルイス・カーンの幾つかの住宅があり、そして思潮としてのケース・スタディ・ハウスが代表作品であるかのように受け取られていた時代から状況は少し変わり始めているのではないでしょうか。

　巨匠の名を挙げたついでに言うならば、その立ち位置を疑ってみるべきなのはイームズの作品に限ったことではありません。ニューヨークがアメリカ経済の中心となる以前には、穀物取引に関わる経済の中心都市だったシカゴ、そのシカゴの近代住宅を代表するライトの住宅などもライトの個人的な作品歴の上にその位置付けを考えるのではなく、アメリカのモダンハウスの全体像を捉える中で、その位置付けを考えてみること。そんな風にすれば、それぞれの住宅の向こうに見える文化的背景、環境、自然といったものが実は一言で「アメリカの近代住宅」といっても一枚岩ではなく、様々に異なった背景の中にあることが、見えてきます。

　前置きが長くなりましたが、ここでは「西海岸」、「東海岸」、そして「中西部」におけるアメリカの近代住宅、あるいはもう少し気軽な言い方で「モダンハウス」をいくつかケーススタディとして個別に取り上げ、そうした後に全体を通覧してみることで、様々なライフスタイルに少しずつ姿を変えながら適応しているモダンハウスの奥深さ、新しい可能性が発見できるのではないだろうかと考えています。何よりも、そうすることで、あらためてイームズ・ハウスの持つ意味が見えてくるに違いありません。その為には、アメリカを横断するという少々じれったい迂回をしなければなりませんが、しばらくお付き合いください。

1　シカゴ——都市郊外と自然

とりもなおさず、アメリカの近代建築を考えようというとき、それはどうしてもシカゴから始めなければいけないでしょう。ルイス・サリバンやバーナム・アンド・ルートといった「シカゴ派」の建築、アメリカにとって初めての近代建築であり、世界の建築史にアメリカが登場する契機となったそのシカゴ派がこの都市には存在したし、さらにアメリカの近代を語るときに避けては通れない2人の建築家、フランク・ロイド・ライトとミース・ファン・デル・ローエはこの都市をベースとして活躍していました。まずその2人、ライトとミースの建築について考えてみます。

フランク・ロイド・ライトの初期の作品がまとまって残されているオークパークをまず訪ねる、というのがアメリカのモダンハウスを考える旅のスタートとしては最初にやるべきことでしょう。シカゴの街の中心に残るシカゴ派の高層建築に後ろ髪を引かれながら、この都市のダウンタウンの東側に拡がる湖とは逆側の、西側へと向かいます。ダウンタウンの駅から郊外電車、それも普通電車に乗ると、20〜30分で着いたと記憶しています。私がこの場所を初めて訪ねたのは1976年、ライトのスタジオを始めとする住宅を見学するためだったのですが、私自身はオークパークという住宅地そのものの方により魅入られてしまったことを覚えています。もっともこのときは車で連れていってもらったため、十数年後に電車で再訪したときにようやくシカゴとオークパークとの都市的な関係が肉体的に了解できたのですが。

この時、オークパークで考えたのは、フランク・ロイド・ライトのデザインの意味や意義についてよりもアメリカの郊外における「一戸建

オークパーク

て」、あるいは、detached houseの在り方についてでした。Detached——すなわち隣から離れて独立して建つ一戸建て、という住宅の建ち方についてです。勿論日本の郊外住宅よりはずっと広い敷地に建つ住宅ではあるものの、敷地の中央に隣地から離れて建つ住宅群、それも隣地との境界に特に塀の類を持たないという住区形式はアメリカにおけるソロー的な自然、その「自然の中に暮らす」というライフスタイルへのこだわりを改めて感じさせてくれました。アメリカの、それも特に変哲のない住宅地かもしれないオークパーク、ごくあたりまえのシカゴ郊外の住宅地に立って、そこには実は存在していない「自然」のことを考えるのです。

　奇妙に聞こえるかもしれませんが、日本の都市郊外では、郊外の風景が拡散してはいるものの、あくまでも「都市主体の生活」、すなわち都市の存在こそが生活の主体であるという都市的なライフスタイルを基本としているように見えます。それに対して、ライトの住宅を含めたオークパークに見られた郊外状況というのはその逆ベクトル、都市から可能な限り離れて「自然」の中に戻ることこそが人間の生活だ、と主唱しているように見えました。日本におけるいわゆる「都市の中の一戸建て」指向とはかなり違ったものに感じられたのです。

　同じライトの落水荘のことを考えてみればよりわかりやすいと思います。

　この住宅はピッツバーグから車を駆って1時間以上、起伏のあるランドスケープ、せせらぎ、落葉樹に囲まれ、季節によって様相を変える自然の中に、建っています。ここでは落水荘には詳しくは触れませんが、観光バスが来客用駐車場に何台も並び、それこそ30分おきに始まるツアーは人が溢れています。

　そんな落水荘の敷地配置図を思い出せる人はあまりいないようです。あのせせらぎと橋が書き込まれた配置図が誰もが知っているものですが、いわゆる敷地境界というものがどこにある

フランク・ロイド・ライト「落水荘」

のか、私達は気にしたことさえありません。実際には広大な敷地の隅にバスも駐車可能な駐車場とビジターセンターが在り、そこから歩いてペンシルバニアの自然の中に踏み込んでいくとあの橋が現れる、というのが落水荘のアプローチですから、敷地の面積など気になりもしない、というのが実際のところでした。こんな様子を眼にしたときに考えたのは、これはアメリカの金閣寺みたいなもんだな、という極めて不謹慎なものでした。

　金閣寺にみんな何を見に行くのでしょうか。紅葉する自然をバックに水面に映り込む金色のパビリオン、もっと言うと金色のパビリオンの存在によって改めて気付かされる「自然」、総体としてそこに出現する日本的な自然の姿、その有り様に感動するのではないでしょうか。

　すなわち、金閣寺という建築はそれを取り囲む京都の自然、その有り様をあぶり出す触媒のようなものとして機能しているのではないか、と思うのです。

　落水荘もそれと同じように、そこにあの建築が存在することによって、あの場所にアメリカ的自然が現前するのではないでしょうか。自然を際だたせるために、本当にそのためにのみ建築が存在すること。その場所でしかない自然を現前させるための触媒として。

　そんな文脈で考えてみると、オークパークの郊外住宅群は自然を現前させる背景としては建築的・都市的で在りすぎるし、それを取り囲む自然はここではあまりに脆弱過ぎるかもしれません。しかしライトはオークパークの住宅群の彼方に落水荘的な自然の受容の形式、「自然」こそがアメリカという風土にとって唯一のものなのだ、という自然像を描いているように思えたのです。

　数年前にボストンに隣接する街、ケンブリッジにあるマサチューセッツ工科大学に数週間滞在してスタジオを持ったことがあります。そのとき一番印象的だったのは、月曜日に顔を合わせたときの最初の挨拶は決まって「週末をどこで過ごしたか、都市から逃れどこにエスケープしていたか」という話題であったことです。週末をボストンで過ごしていようものなら、「こんな紅葉のすばらしい季節にニュー・イングランドに居ながら何やってんの」と言われたものでした。もっと直裁に「アメリカで見るべきものは建築なんかじゃない。自然だけだ」と言った同僚の先生もいたほどです。これはボストンに限ったことではなく、カリフォルニア大学バークレー校（北カリフォルニアの代表選手のような場所です）にスタジオを持ったときもまったく同様の「月曜日の挨拶」が常でした。アメリカ人の——どんな人を指して「アメリカ人」と呼ぶのかという大きな疑問もありますが——自然の中で暮らさなければいけないという強迫観

ミース・ファン・デル・ローエ「ファンズワース邸」

念の強さにびっくりしました。そんな文脈での「自然」、これは日本人の概念からすると「大自然」といった方が近いのですが、それにはアメリカを旅するといろいろなところで形を変えて出会います。

日本の住宅、それも近代住宅を考えるときは都市の問題は避けて通れません。ほとんどの近代住宅は都市域、郊外でさえ都市の一部と定義した方がいいという状況の中に計画されています。ところがアメリカでの近代住宅、モダンハウスを概観すると、それらは少数の例外、例えばフィリップ・ジョンソンのロックフェラー・タウンハウスなどの本当に少数の例外を除いて、緑溢れる自然の中の「一戸建て」——detached house——として建っています。たとえそれがオークパークや後に述べるニューヨーク郊外のコネティカットといったいわゆる「都市郊外」においても、です。

同じシカゴ郊外のミースのファンズワース邸もまた自然の中に建っています。同じ自然の中に建っていても落水荘とはまるで異なる「自然」です。ですから自然との関係の取り方も落水荘の在り方とはまるで違います。ここアメリカ中部の自然、ファンズワース邸を取り巻く自然は、ペンシルバニアの落水荘を取り巻くそれとはまるで異なって見えます。ペンシルバニアと比較すると視覚的にはより「抽象的」な自然に見えました。私が人生で初めて経験した「地平線」の存在をはじめ、シカゴを穀物取引の中心へと押し上げたアメリカ有数の穀物地帯が拡がっており、そのランドスケープは穀物によって大きく色分けされた地表面、という説明がもっとも私の受けた印象に近いでしょうか。視界はその上半分を占める空、下半分は黄色や褐色に大きく色分けされた地平面、その上下をきっぱりと分割する地平線、という抽象絵画のようなものになり、それが車で移動すると、アニメーション・ムービーのように変化します。それは抽象的なランドスケープ像としか、私には呼べないようなものでした。

そんな環境の中に、ファンズワース邸という建築は建っています。一見すると、落水荘のように自然を際だたせようとはしてくれません。むしろ自然と拮抗し、切り取り、立ち上がっているかのように見えます。それもその場所を新しく支配しようとする建築的な「秩序」としてです。しかしそうした建築的な受容の仕方を離れ、あの建築の3枚のスラブ、それも空中に浮遊する3枚のスラブに注目すると、そこにミース的な自然への敬意の有り様を感じてしまうのは私だけでしょうか。

なだらかに起伏はするものの基本的には水平に展開する抽象的なランドスケープ、そんな地面と同じレベルにある前を流れるフォックス・リバーの水面、そうした水平面との対応関係として3枚の水平なスラブを考えてみること。水平面への敬意、そんなやり方でファンズワース邸でミースが見せてくれたのは、アメリカ中部の抽象的な自然の中での建築の在り方のプロトタイプ、ではないでしょうか。

それは自然を際だたせる触媒としての建築といった、落水荘の自然との関係とはまるで異なったものです。

2　東海岸の近代住宅——「アンダーステイトメント」であること

ここから東海岸の建築を考えてみます。

シカゴをライトとミースの建築から考え始めたのですから、東海岸のモダンハウスを取り上げるのならボストンから西に離れたリンカーンに建つワルター・グロピウスの自邸から始めるべきでしょう。

この住宅が建っている場所は、確かにボストンの郊外のリンカーンというコミュニティの中ではあるものの、森のような樹木を抜けると緩やかな緑の起伏が目の前に拡がるというような、そんな自然の中にあります。このようなラ

ワルター・グロピウス「グロピウス自邸」

ンドスケープでの住宅の配置、連なる樹木の波のような森を抜けると、緩やかに起伏する緑の草原があり、その中にそのランドスケープのスケールと比べると本当に小さなスケールを持つ住宅が独立して建つ、あるいは何棟かに分かれて階数の低い建築が建つというような建築とランドスケープの関係は、このグロピウスの自邸からマルセル・ブロイヤーの設計したニューヨーク郊外コネティカットに建っている幾つかの住宅、それにフィリップ・ジョンソンのガラスの家までもに共通する、東海岸のモダンハウスの特徴でしょう。

　このグロピウス自邸は、それこそ同じ時代の巨匠であるル・コルビュジェのサヴォワ邸やミースのチューゲンハット邸などと同じ「白いインターナショナル・スタイル」の建築なのですが、それらとの大きな違いは、極めてコンパクトに計画されていることです。サヴォワ邸やチューゲンハット邸とは異なり、これは建築家の自邸ですから、それらのいわゆる豪邸と比較し

ル・コルビュジエ「サヴォワ邸」

ミース・ファン・デル・ローエ「チューゲンハット邸」
photo by Shinkenchiku-sha

マルセル・ブロイヤー
「ブロイヤー第3の自邸」

てみても始まらないのは事実です。しかし、グロピウスがバウハウスやハーバードでの教育、それに自らが始めた設計組織であるTAC（The Architects Collaborative）の作品でもそうであるように、そこには合理性の追求や機能性の追求から来たのであろうと思われる、ある種のミニマリズムを見ることが出来ます。

結果としてそのコンパクトさがもたらす「小ささ」という印象が意図的かそうでないのかはわかりませんが、グロピウス自邸に自然への敬意の存在を感じさせます。さらにこれもグロピウスの意図だったのかどうか、拡がる自然の中に建つ小さな、控えめな小屋としてのdetached houseというこの住宅の在り方は、新大陸開拓の思いと旧世界への郷愁を今なお、そこここに感じさせる——なにしろ、ここはニュー・イングランドですから——アメリカ東海岸の土地と文化、同時にその結果としてのソロー的な自然への敬意の在り方という伝統に適合したのではないでしょうか。

グロピウス自邸では意図的であったかどうかは定かでないこの自然との関係の取り結び方は、次の世代であるマルセル・ブロイヤーの住宅ではよりはっきりした形を取ります。

ニュー・キャナン——「新たな、約束の土地」、なんという名前の土地!——に建つブロイヤーの第3の自邸や、ボルティモア郊外の、これも溢れる自然の中に建つフーパー邸を見てみると、いずれの建築も微妙にレベルを設定しながら、起伏のあるランドスケープの中に埋め込まれています。ここでの自然と建築の関わり方はライトの落水荘のそれとは少々異なっていると言っていいでしょう。落水荘は建築によって自然が「現前」させられている、と前に書きました。言い方を変えると、建築周辺に拡がる自然が建築によってより際だたされていると言ってもいい。

ブロイヤーの住宅では建築は自然の前に立ち、敗北と服従を宣言しているかのようです。慎重に地面に埋め込まれた建築は自然の有り様

マルセル・ブロイヤー「フーパー邸」

マルセル・ブロイヤー「フーパー邸」

に従って建っている。それは自然を際だたせもしないし、だからといって邪魔もしない。

その「アンダーステイトメント」——言葉少なでことさら主張しない、と言えばいいでしょうか——であることという建築の有り様、立ち姿が私を感動させてくれます。グロピウスがその自邸で多分、意図的にではなく示した自然への敬意の示し方、ブロイヤーはそれを意識的に、しかも極めて洗練されたやり方にまで昇華させたのではないでしょうか。

これもボストンの西部、それもグロピウス自邸の近くに、シックス・ムーン・ヒルというコミュニティがあります。これはＴＡＣのスタッフ、グロピウスの弟子達が何人かで土地を協同で購入し、それぞれが自邸を設計し建てるとい

「シックス・ムーン・ヒル」

う形で、自主的に創り上げたコミュニティです。そこを訪ねると、それぞれの住宅がどこに建っているのか、なかなか姿を見せてはくれない。

眼にはいるのは樹木や自然ばかりで、それぞれの建築は極めてアンダーステイトメントにデザインされています。その佇まいはワイゼンホフの集合住宅など建築が主役のハウジングと比較してみると決定的に異なっているのがよくわかります。

そんなグロピウスからブロイヤーへと繋がる自然との関係の結び方を意識的に換骨奪胎したと言うのか、あるいは本歌取りして見せたのが、フィリップ・ジョンソンの「ガラスの家」という見方はどうでしょう。実はそれが私の「ガラスの家」の捉え方であり「私説・アメリカ東海岸近代住宅史」でもあります。

一見、無造作に配置したかに見える「ガラスの家」の全体計画は、よく見ると、そこここに隠された軸線や曖昧に設定された対称軸が敷地のアンジュレーションと相まって、絶妙に曖昧にされているのがわかります。しかし実際に現地を訪れると、そうした隠された意図は明瞭に読みとれるようになっており、ジョンソンが見せてくれる配置計画しか解答はない、と思わせられるほどです。そんな風に現地で体験すると、むしろ意図的にこそ見える同じ計画が同時に、極めてカジュアルに決定されたようにも見える

フィリップ・ジョンソン「ガラスの家」

アメリカの近代住宅の多様性
2 東海岸の近代住宅――「アンダーステイトメント」であること

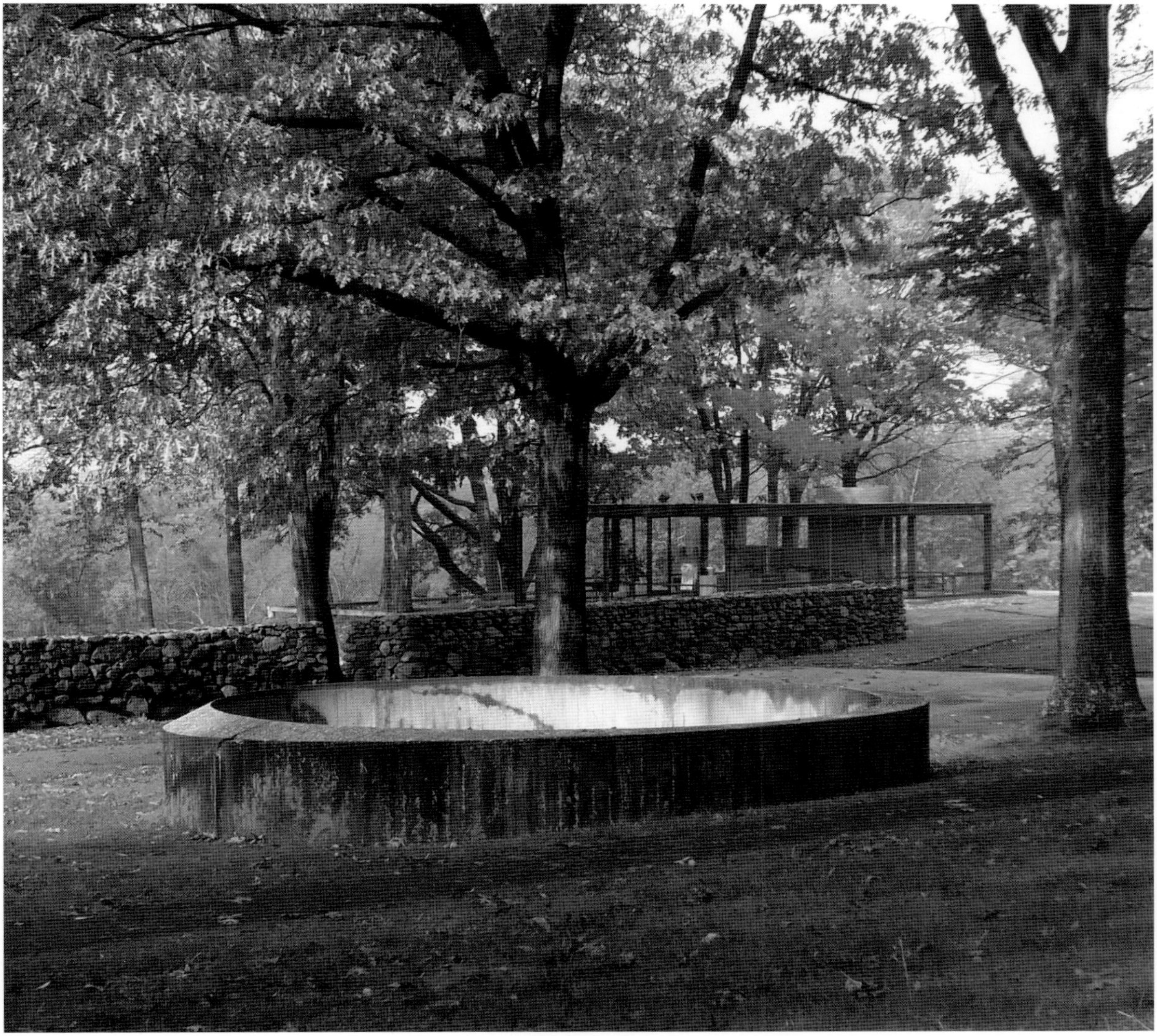

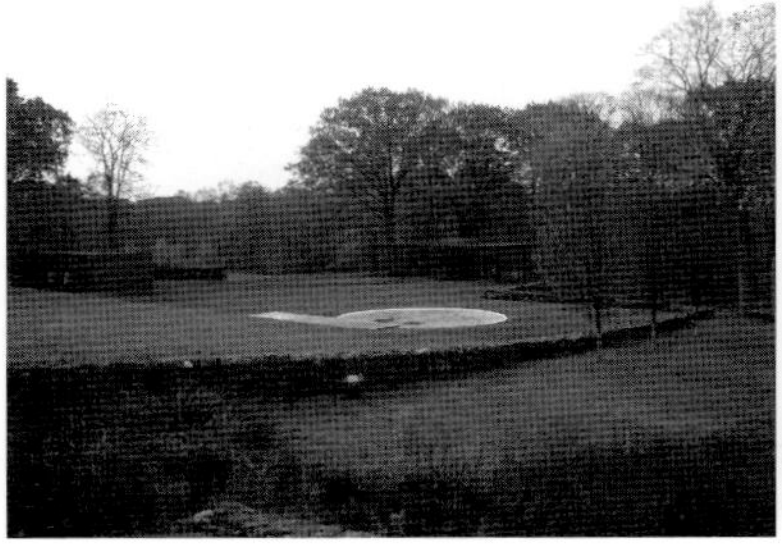

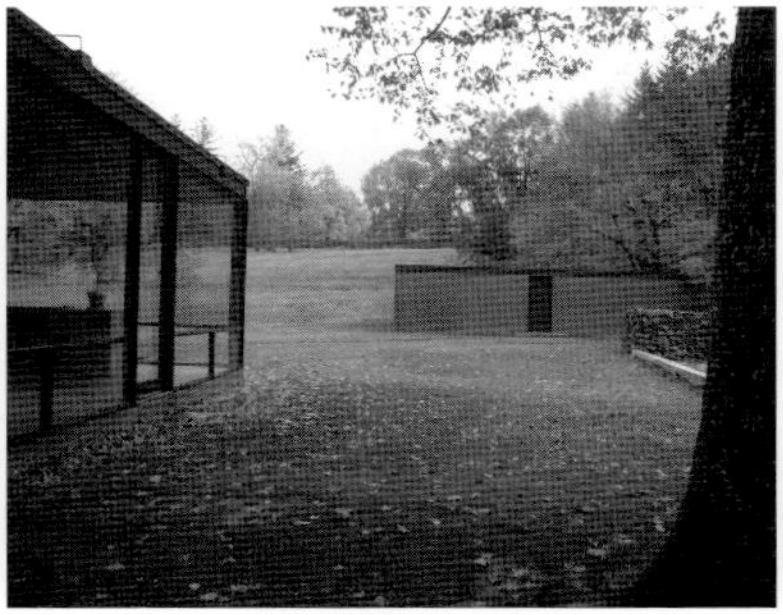

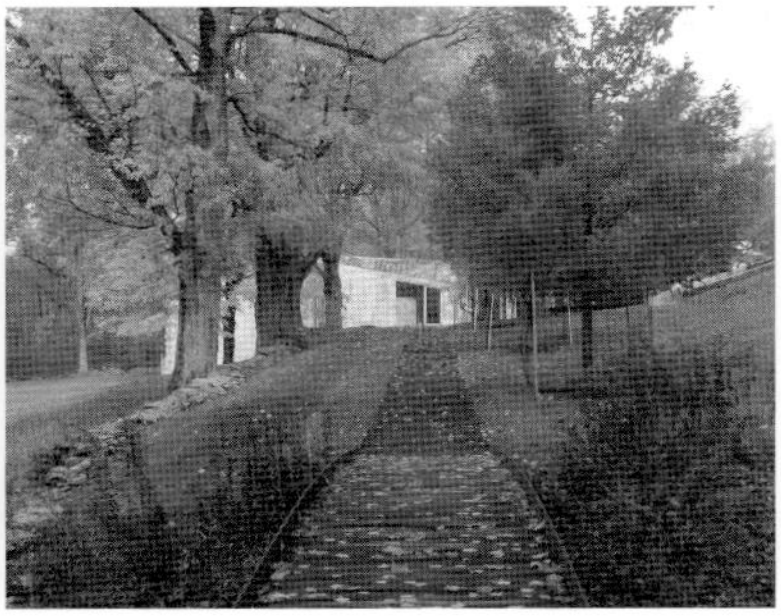

こと。そこにジョンソンの意図があるのだろうと思います。ミースのファンズワース邸と同時に計画されたこのガラスのパビリオンの建築そのものの在り方、それに加えてこの住宅を『アーキテクチュラル・レビュー』誌に発表したときの、例の「この住宅にはオリジナルな点などはない」という高らかなコメントも同時に考えると、フィリップ・ジョンソンにとってこの計画はグロピウスとミースという2人の先生に対する卒業の証、もっと極端な言い方をすると決別のメッセージだったという気がしてならないのですが、それは読み過ぎでしょうか。この建築にミースとの関係を語る人は沢山います。し

マルセル・ブロイヤー「MoMA 展覧会のための展示住宅」

かし私はあえてグロピウスとの関係の中にこの建築を位置付けたいと思うのです。特に自然との関係、ランドスケープの計画において。

　自然と建築との関係を考えるとき、グロピウスがあえて積極的な主題としなかった建築的要素、ブロイヤーだけが積極的に取り上げたものに「屋根」があります。ブロイヤーがデザインし１９４８年にニューヨーク近代美術館の中庭に建設され、現在はポカンティコヒルに移築された展示住宅が在ります。これはスプリットレベルの断面に中央部に谷を持つバタフライ・ルーフが掛けられた住宅ですが、これを見るとグロピウスが避け、ジョンソンが１９８０年代にスキャンダラスに取り上げることになる「屋根」をブロイヤーはどう考えていたのかがよくわかります。

　屋根というものが大自然から人間を守り、その下に人間が集まるということを表象する建築要素であることはよく知られた議論であり、そのためには切り妻や寄せ棟といった形状が技術的に合理的でもあり、形態的にも象徴的です。屋根のコノテーションの重要性はここにあるでしょう。

　ブロイヤーがやったことはそれを逆手に取ることです。バタフライ・ルーフの外部になるほど高さを増す屋根形状、それは内部空間を外部に拡がる自然へと開くことの表現であり、そのことが彼の建築の一番重要な点ではないでしょうか。屋根の元で暮らす個人は自然との対話にこそ配慮すべきであること、屋根の元に人間、すなわち家族が集合するという象徴的な形態をとるよりは、人間、それも近代人としての個人にとっては自然、外部との関係こそ重要だというメッセージです。そのためには屋根が家族が集まるという象徴性の表現から離れ、また谷樋という技術的なマイナス要素を持つことで自然から人間を守るという屋根の本来的な機能に不具合をもたらす可能性が生まれるにしても、ブロイヤーは個人としての人間と外部としての自然との関係に、主題を絞りたかったのではないか。

　ブロイヤーのバタフライ・ルーフを見ると、私達はグロピウスが決して屋根を持つ建築を設計しなかったこと、あるいはジョンソンが１９８０年代に至って、チッペンデール風の屋根を持つ超高層ビル――超高層には屋根など必要ないことは勿論です。屋上は空調機械をこそ置くべき場所なので――のＡＴ＆Ｔビルを設計し、『タイム』誌の表紙を飾ったことを想い出します。グロピウスの矜持、ジョンソンの意図的な露悪趣味に比較するとブロイヤーの屋根の扱い方には誠実さを感じる、というのは言い過ぎでしょうか。

3 ロサンゼルス「天使達」の街

どうも私自身は「アメリカ西海岸指向の人」と思われているようです。これは多分、1997年に植田実さんとの共著で『ケース・スタディ・ハウス』をまとめたことから来るのでしょうか。初めてケース・スタディ・ハウスと出会ったのは1970年代中頃。建築史の研究室に在籍していた時代でした。それはいわゆる「ポストモダニズム」が喧伝され始めていた時代で、マイケル・グレイブスを始めとする歴史主義的折衷主義とでも呼べるような建築が姿を現し始めた時代です。にこやかに笑うフィリップ・ジョンソンが前述のAT&Tビルの模型を持った姿で『タイム』誌の表紙を飾ったのが、まさにこの時代でした。近代主義建築に対する反省、見直しがそうした建築を生んだのですが、そうした歴史主義的折衷主義以外にも、むしろ近代主義初期の「白い建築」を積極的に「参照」しようとする動きだってあったのです。美しい抽象形態、モダニズム初期の建築よりもずっと純粋形態で、しかも美しい形態を立て続けに提案していたリチャード・マイヤーや、近代主義の持つ理念に戻るのではなく、その表象形式や形態操作を形式主義的に分析すること、読解することの快楽を鮮やかに拡げて見せてくれたピーター・アイゼンマンなど、当時「ホワイト派」と呼ばれた人達もいました。

チャールズ・ムーア他「シーランチ・コンドミニアム」

蛇足ですが、この本の第1章の分析は、私自身のピーター・アイゼンマンに対する30年遅れた卒業論文か、そうじゃなければ今も変わらないラブレターであるかに他なりません。

そんな1970年代、私がどうやってケース・スタディ・ハウスに辿り着いたかは説明が必要でしょう。当時のカリフォルニアを代表していたのは、「草の根」派と呼ばれていた、例えばチ

ャールズ・ムーア達が設計したシーランチ・コンドミニアムでしょう。アメリカの伝統を切り妻の納屋の形式に見いだそうとし、それが群の建築を形成した有り様は当時我々が模索していた「コミュニティ」の新しい表現の形そのものに思え、熱狂的に歓迎されました。その建物は北カリフォルニア、サンフランシスコからさらに北へ車で約1時間走った太平洋に面する断崖の上に張り付くように建っています。

クレイグ・エルウッド「ケース・スタディ・ハウス# 18」

北カリフォルニアの気候、それは我々がカリフォルニアという言葉でイメージする太陽の光溢れる場所というものからはほど遠く、この建築は厳しい自然とどう折り合いをつけるか、それとどう対峙するかというような主題に対する解答としか思えないものでした。内部からは外に十分に開いているものの、外部からは閉じた表情を持つ木造建築の集合体、外部は素っ気ない表情を持つものの、それに反して明るいスーパーグラフィックの溢れるカジュアルな室内といったシーランチ・コンドミニアムの空間は、当時のサンフランシスコ、ハイト・アシュベリー地区に見られたようなヒッピー・コミュニティに代表される時代の気分と通底しているかのように感じられたのです。

長い前置きになってしまいましたが、じゃあ、一体光の溢れる私達のカリフォルニア、それこそが南カリフォルニアのことだったのですが、そこでは建築は一体どうなっているんだろう、というのが心に浮かんだ疑問でした。先に述べたように、1970年代当時そこはまるで建築情報のない空白地帯でした。しかしそこで初めて出会ったのが1950年代から1960年代にかけて建てられた南カリフォルニアの建築、クレイグ・エルウッド、ピエール・コーニッグといった建築家達の作品であり、彼らを生

ピエール・コーニッグ「ケース・スタディ・ハウス# 21」

み出したケース・スタディ・ハウスのプログラムだったのです。

　かび臭い大学の書庫で、１９５０年代や60年代当時の雑誌を通してそれらの写真と出会ったとき、その瞬間に魅入られてしまったのが当時の私でした。そんな建築、ケース・スタディ・ハウスのことなどそのころの建築界では話題にもしていませんし、クレイグ・エルウッドやピエール・コーニッグの名前など誰も知りません。今でこそ誰でも知っているミッドセンチュリーのアイコン、イームズ夫妻の家具のことを知っている学生が居たとしたら、それはマニアックな変わり者か天の邪鬼な優等生のどちらかだったと言っていい。

　そんな状況のなか、当時の私は建築史研究室に在籍していましたから、出会ってしまったケース・スタディ・ハウスのことをまず「近代建築史の中でどう位置付ければいいのか」と考え始めました。そのときに考えたのは次のようなことです。

「近代建築がヨーロッパからアメリカへと西進していく中で、カリフォルニアで初めて『近代主義』と後期近代の『高度技術主義』との幸運な出会いがあったのではないか。それがケース・スタディ・ハウスという形に結実したのではないか」という仮説です。そこに思い至ったときには少々嬉しくなりました。ヨーロッパの地、それも1910年代には「汽船」や「工場」といったメタファーに過ぎなかった「テクノロジー」が、1950年代の南カリフォルニアではリアルなもの、航空機製造を背景とした現実の技術、ハイ・テクノロジーへと変身していること。近代建築がそんな現実のハイ・テクノロジーと初めて出会ったのが南カリフォルニアだったのではないか。その時代の南カリフォルニアはロッキードやノースロップといった航空機産業の場所であり、だからこそ鉄骨構造やアルミニウム製のサッシュといった工業製品は日常になっていたのだから、そうした推測は容易につきました。

ケース・スタディ・ハウス#25の、運河に面した2層分の高さを持つアルミ・ドアもノースロップに特注すれば簡単に実現できた。なにしろ飛行機技術者にとっては、飛行機の翼が求める強度や精度に比べれば、建築部材の精度など、ほとんどニューメキシコにあるアドビ・ハウスと大差ないプリミティブなものに感じられたに違いありません。

エドワード・キリングワース「ケース・スタディ・ハウス# 25」

ケース・スタディ・ハウスの持つもうひとつの意義は、メイドやバトラー、運転手などと同居しない住宅形式の出現、建築史上初めての核家族のための住居という点にあります。夫婦を基本とし、それに子供を加えた核家族が住宅の住まい手となり、夫婦各1台、合計2台の自家用車を所有するという、我々の時代、20世紀後半の住宅のプロトタイプがここで初めて実現したことです。

その2点がもたらす同時代性（コンテンポラリネス）の持つ意味を知りたい、というのがケース・スタディ・ハウスと深く関わっていく最初のきっかけでした。

ピエール・コーニッグ、クレイグ・エルウッドといったケース・スタディ・ハウスの建築家達、さらに彼らを入り口に、もう一時代前の南カリフォルニアの建築家達、ルドルフ・シンドラーやリチャード・ノイトラ、それにアービング・ギルやグリーン・アンド・グリーンなどの建築を続々と知ることになるのですが、それはすべて「北カリフォルニアの」１９７０年代の建築であるシーランチ・コンドミニアムを見て抱いた疑念から始まったのです。

ピエール・コーニッグ「ケース・スタディ・ハウス# 22」

既に述べた東海岸の近代住宅がその理念の根本に「一戸建て（detached house）」があるとすると、ロサンゼルスのケース・スタディ・ハウスは基本的に「郊外住宅（suburban house）」です。テラス、中庭といった、内外空間を仲介するための建築言語は自然との関係を制御するためではなく、むしろ都市空間との関係を制御するための装置として考えられています。例えば、ピエール・コーニッグ設計でハリウッドヒルの中腹に建つケース・スタディ・ハウス#22を考えてみるとよく解るのですが、あのプールのあるテラスは自然に対して開いているのではありません。南側に水平線の彼方まで無限に拡がるかのような人工的グリッドの風景、ロサン

ゼルスという都市に対して特権的に開いているのであり、そこに東海岸の近代住宅に垣間見られたようなソロー的な自然など、かけらも存在しないように思えます。

　そうした文脈で言うとケース・スタディ・ハウスはまさに我々の時代、すなわち都市の時代の建築だし、先験的に「自然」の存在を信じることなどできない人達のための建築だったのではないでしょうか。

「カリフォルニア」という言葉の意味は「オーブンのように熱い」場所という意味だそうですし、その都市、「ロサンゼルス」には「天使達《エンジェルズ》」が住んでいます。比較してみましょう。東海岸の豊かな自然、その場所は「（ニュー・）イングランド」だし、フィリップ・ジョンソンの「ガラスの家」やブロイヤーの第3の自邸が建つのは「（ニュー・）キャナン」の街、「キャナン」はヨルダン川と地中海に挟まれた、ユダヤ人達にとっての「約束の地」の名前ですから、「ガラスの家」はアメリカという新大陸の「新しく約束された土地」に建っている。

　1848年、メキシコから当時の金額にしてわずか1500万ドルで買った土地である南カリフォルニア。ロサンゼルス・カリフォルニア――すなわち「天使達が住むホット・オーブン」という名の通りの砂漠、それも石油採掘が目的で発見された――と比べると、緑や河といった自然が溢れる土地、「新しいイングランド」の「長く急な川の土地（コネティカット）」、その中の「新しく約束された場所（ニュー・キャナン）」。その土地の性格のあまりの違いに愕然とします。

　随分昔ですが、「チャイナタウン」という映画がありました。1930年代のロサンゼルスを舞台にした映画ですが、元々砂漠であった場所に水さえも人工的にコロラド河から引っ張ってくることで、かろうじて人間の住む環境として成立し、既に出来ていた鉄道まで廃止して自動車だけのコミュニティとなったロサンゼルス、そんな街のライフラインである水に関わる裏の社会での出来事の物語です。

　水さえもない砂漠に水を引っ張ってきて、人工的に成立させた都市。そんな場所における「自然」とは、一体どんなものなのでしょうか。

　現在のロサンゼルスを車で移動してみると、パーム・ツリーは勿論ですが、密集する緑の樹木や住宅街区に拡がる芝生など、様々な緑の植生を見ることが出来ます。日本から行く我々にはそれは極めてあたりまえの風景に見えるのですが、実はそうした風景が何百キロも離れた水源から引っ張ってきた水によって成立しているのを知ったとき、私自身は愕然としました。そしてようやく、どんな街にも普通に存在している「河」、その河というものさえこの街には存在

しないことに気付くのです。

そんな都市ではもう美しい故郷、四季のあるイングランドへの憧憬など、引きずりようが無いのかもしれません。フリーウェイにビルボード、それにパーム・ツリーだけしかない「郊外」都市。そんな場所での住宅など、ほとんど映画のセットのようなものかもしれない、なにしろロサンゼルスという都市そのものも幻のようなものなのだから、と思い至るのです。

そんな場所での近代住宅ということをもう一度考えてみると、そこにはあるキーワードがあると気づいたのです。それは「過剰」ということです。

例えば初期のリチャード・ノイトラの作品、1937年のストラスモア・アパートメント。

これが建っているウエストウッドは、現在はUCLAの大学町で、緑溢れる素敵な住宅地域です。ところがストラスモア・アパートメントの竣工時の写真を見ると、インターナショナル・スタイルの白い建築が、下草のようなものしか生えていない砂漠の中に建っています。しかも遠くに見えているのは、同じノイトラ設計の、別のアパートメント。インターナショナル・スタイルの白い抽象的な形態は緑の中に建つか、さもなければヨーロッパのくすんだ街並みの中に建ち、それらとコントラストを創りながら存在するものだと思っていました。でも、ノイトラの作品はそんな先入観をぶちこわします。酸素の存在しない月の表面を想い出させるような、そんな砂漠の上に白いボックスが置かれています。これ以上「抽象的」な自然はないだろう砂漠に置かれた、これも「抽象的」な物体としての建築です。そこに溢れる過剰な「抽象」。

リチャード・ノイトラ「ストラスモア・アパートメント」
Richard Neutra, Studio Paperbacks, Birkhauser Verlag; New Ed, 1996. より

あるいはノイトラのインターナショナル・スタイルとは対極にあるような建築でも同じたぐいの印象を受けることがあります。例えばグリーン・アンド・グリーン設計でパサディナに建つギャンブル邸。スイスか、日本から影響を受けたと言われている木のディテールの過剰さは

グリーン・アンド・グリーン「ギャンブル邸」

リチャード・ノイトラ「ロヴェル邸」

ほとんど辟易とさせられるレベルにまで至っています。それは異常なほどのこだわりのように感じられるのです。あるいはもう少し言い方を変えると、溢れる「エキゾティシズム」。ここではない「場所」や、ここにはない「文化」への尋常ではないこだわり、あるいは「憧れ」に与えられた形態としての建築。

また別の例。ハリウッドの中腹に建つノイトラ設計によるロヴェル邸という住宅は、別名「健康住宅（health house）」で呼ばれていますが、そのクライアントであるロヴェル博士は1920年代のロサンゼルスで健康であることを主唱したことで有名な人物です。現代のアメリカに蔓延する「健康至上主義」、それはほとんどカルトのように感じられるときさえあるのですが、ロヴェル博士とその住宅の関係は、その萌芽のようなものも感じさせます。

あるいはルドルフ・シンドラーのハリウッドの自邸や一連の住宅。私が経験した実例で言うとフィッツパトリック邸（84〜85ページ）における過剰に小さい「ヒューマン・スケール」と、ほとんど解体してしまいそうな「仮設性」は一体どうしたことなのでしょうか。

それらは実は共通した印象を私に与えます。すべてどこか芝居がかっていてどの建築も映画か舞台のセットのようにしか感じられず、過剰であるくせに、あるいは過剰であるからこそ現実感に乏しい建築群。

ルドルフ・シンドラー「シンドラー自邸」

ルドルフ・シンドラー「フィッツパトリック邸」

「ブラッドベリー・ビル」

ロサンゼルスの建築はよく映画の中に突然現れて驚かされることがあります。「ブレードランナー」にはダウンタウンにあるブラッドベリー・ビル（84ページ）がセットのように使われているし、あの中のハリソン・フォードの住まいはこれもハリウッドヒルに建つ、フランク・ロイド・ライトの手になるエニス邸かバーンズデイル邸のようです。もしも見学したくてもなかなか許可のもらえないノイトラのロヴェル邸の内部を見たければ、「LAコンフィデンシャル」のDVDを借りてくるといいでしょう（ロヴェル邸だけではなくて、美しいキム・ベイジンガーまで見ることが出来ます）。ケース・スタディ・ハウス#22はそれこそ、映画からポップミュージックのプロモーション・ビデオ、それに雑誌広告まであらゆるところで出会います。現に今も手元の雑誌の中で出会ったところです。"Carl F. Bucherer"の時計の広告で。

フランク・ロイド・ライト「バーンズデイル邸」（上下とも）

フランク・ロイド・ライト「エニス邸」

サンディエゴ・フリーウェイを走りながら、ラジオからはちょっと古いポップスだけが流れるチャンネルで、イーグルスかシーナ・イーストンが流れている。そんな嫌になるほどロサンゼルス的な状況に身を置いて、ロサンゼルスの建築や都市のことを考えていると、青い空と太陽が溢れ、両側には椰子の樹が並ぶ"Sunny

California" の風景が、突然暗転するのを感じることが私にはあります。

本来は砂漠で人間の住めない環境だったところに何百マイルも離れたところから水を引いてくることで、人工的に成立している都市。そんなほとんど幻影のような場所、幻のような環境だからこそ、そこに必要以上に過剰なリアリティ——グリーン・アンド・グリーンの「スイス」や「日本」！——を求めたり、あるいは必要以上に「仮設的」—— シンドラーのほとんど倒れそうな「壁」。リノベーション前のシンドラー自邸では、本当に倒れかけていた——な表現が生まれるのです。そんな文脈で考えるとこの街が映画産業の街であること、現在だと有力なコンピュータ・グラフィックスのスタジオもこの街にあること、それにディズニーランドやユニバーサルスタジオといったテーマパークの発祥の場所であることも腑に落ちてくるのです。

「仮想的な現実」、virtual reality を体験したりあるいは生産するのにこの都市ほど最適な街はないのです。なにしろこの都市の成立がその「仮想的現実」そのものですから。

ここまでロサンゼルスにおける過剰性について思いつくままにサンプリングしてきたわけですが、そんな風にこの都市における「過剰」を感じるようになったのはここ20年ばかりのことです。最初は太陽が溢れ、なんだかあっけらかんとしていて「深さ」の無い「表面的」な都市だ（これはほめ言葉のつもりです、ちなみに）と思っていた場所や文化が、どうも底しれない「深さ」や「暗さ」を持っているのではないかと思い至ったとき、あらためてケース・スタディ・ハウスがそれまで知らなかった側面を見せてくれはじめたような気がしました。それと同時に、当時まったく評価されていなかった、誰もがその存在すら忘れていたリチャード・ノイトラの建築をきちんと考えたいという思いも沸き上がってきたのです。ノイトラにも見落としていた側面があるに違いないと。

例えば、前述したノイトラのストラスモア・アパートメント（80ページ）。

砂漠という「抽象的」な環境の中の「抽象的」な建築。自然や都市に対立的に挿入されるのが一般的なインターナショナル・スタイルの建築には、このような「抽象的」な入れ子関係は成立しません。むろん現在ノイトラの建築は緑に囲まれ、あたりまえの自然との対立関係がそこにあるかのように見えますが、繰り返しているようにあの緑や自然はこの都市では「仮想的現実」に過ぎないのです。だから世界中どこにでもある自然VS人工の二項対立という近代建築の有り様と同じように見えるとしても、実は建築を取り囲む自然や都市そのものも人工的で抽象的な営為の産物である——こんな近代建築の在り方はここロサンゼルスでしかあり得ません。

もしもその「過剰さ」こそがこの場所の文化であるとしたら？

ノイトラのように、例えば「抽象」の「過剰」というような形で折り合いをつけることが、ひとつの建築の在り方として、この場所でのみ可能となるのです。

ここで、あらためてケース・スタディ・ハウスにもどり、そのテクノロジーとの関係を考えてみます。

ケース・スタディ・ハウスの時代、１９５０年代から60年代にかけての時代というのは、例えばテクノロジー、スティールやアルミなどの金属加工技術と、それらの成果品としての工業製品があたりまえに流通し始めた時代でもあるのです。さらにロサンゼルスには、当時の最先端技術である飛行機製造技術が日常的に身の回りに存在していた。したがって当時は、その飛行機製造技術というハイテクをローテクの極、大量生産ではなく一品生産でしかない建築にどう取り込むかという発想が容易に可能だったといえましょう。

ケース・スタディ・ハウスというプログラムは、そんな時代と場所の持っていたテクノロジーと建築との関係の在り方として、極めて合理的で説得力のあるものだったように思います。比喩的に表現すると、本当は数十歩進んでいる最先端のテクノロジーを半歩進んだ分だけ建築に取り入れようとした、と言えるでしょうか。それはたとえケース・スタディ・ハウスがテクノロジーを指向したセミ・プレファブリケイテッドな大量生産住宅を指向し、結果として成功を収め得なかったとしても、建築そのものの在り方を考える上では意味のあることだったと思うのです。テクノロジーを１９１０年代のようにメタファーとして考えるのではなく、リアルなものとして、建築に新しいソリューションを与えるものとして受容すること。残念ながらそれが最終的な成果を見せてくれるのはケース・スタディ・ハウスから数十年後、イギリスやイタリアの建築家がそのアプローチを完結した作品を発表するまで待たなければなりませんでしたが。

ところでこうしたテクノロジーとの距離の取り方、あるいは関係の取り結び方は、前述の「過剰さ」、例えばそれを情緒的に取り込むギャンブル邸の偏執狂的な木のディテール——からもっとも遠いところにあるアプローチではないでしょうか。極めて理性的に建築とテクノロジーの双方にアプローチする、という点において。

ロサンゼルスという場所の持つポテンシャルと言ってもいいこの「過剰さ」と抑制的につき合うというのは、ケース・スタディ・ハウスがそうであったように、なかなか難しいことのように思えます。どうにもやり過ぎてしまう傾向がある。ケース・スタディ・ハウス以降のロサ

フランク・ゲーリー「ゲーリー自邸」

ンゼルスの建築シーンは、グリーン・アンド・グリーン的、あるいはもう少し控えめに言うとルドルフ・シンドラー的な過剰さに向かい、フランク・ゲーリーやモルフォーシス、それにエリック・オーエン・モスやニール・ディナーリなどの建築が主役となっていきます。

　そして悲しいかな、ケース・スタディ・ハウス的な「抑制された過剰さ」の表現は、それとよく似た「抑制されただけ」の建築へと回収されてしまいます。世界中に溢れているものと同じ、ガラスのスカイスクレーパーのオフィスビルという形で。

フランク・ゲーリー「ディズニー・コンサートホール」

もうひとつ、ケース・スタディ・ハウスについて重要な点をあげます。

これも実はその「過剰さ」が源だとは思うのですが、建築写真にそこで暮らす人達の姿や、あるいは夕景の建築写真が登場したことです。

そもそもケース・スタディ・ハウスは、ジョン・エンテンザが創っていた『アーツ・アンド・アーキテクチャー』誌がまとめた企画であり、建材メーカーとタイアップしながら新しい住宅像を実物の建築の形で提案し、それをシリーズ化していくことが意図されていました。実際にはエンテンザと関係のある建築家の作品の発表という形になってしまったのですが、それでも建材メーカーが協賛することで新しい材料が使用でき、また竣工時にはいわゆるオープンハウスを行い、大勢の人間がそれを見に集まったことが知られています。すなわち、ケース・スタディ・ハウスはそれに協賛するメーカーとの関係の中での主題であるテクノロジーの問題を提起するだけではなく、雑誌という紙面を通じて、新しい家族像やライフスタイルをわかりやすい形、実物やビジュアルで提示することも重要な目的のひとつでした。むしろ雑誌とのタイアップの方が重要で、テクノロジーの問題の方が二次的といってもいいでしょう。

前述したように、夫婦を基本単位とする子供のいる家族、自動車は2台を基本とし、メイドや運転手のいない家庭、すなわち現代風に言うと核家族のための住宅を、具体的な「ライフスタイルの提案」という形で見せることが意図されていたわけです。

　今ではどうということもない、この核家族のための住宅、しかも専用住宅という形式が如何に歴史上新しいものであったか、それまでの建築史に現れた住宅のことを考えてみるとわかります。例えば、ベルサイユ宮殿や寝殿造りの東三条殿、それに京都の町家だって専用住宅ではありません。いずれも仕事場と住まいの併用住宅です。日本においては、専用住宅の成立は明治以降の洋館の成立を待たなければなりません。それに近代住宅を考えてみても、サヴォワ邸にはちゃんとメイドと運転手のためのスペースがあります（サヴォワ邸をその家族構成で語ってみてもしょうがないのは事実ですが）。

　歴史上初めて核家族のための、それも自動車のためのスペースを併せ持つ――という極めて今日的な住宅がケース・スタディ・ハウスだったのです。したがって写真の役割は重要でした。その画面に登場する人物、あるいはどんな生活像がそこに在るのか、そうしたライフスタイルを含めたビジュアルの形が写真として求められたわけです。

　一番有名なケース・スタディ・ハウスの写真と言えば、写真家のジュリアス・シュルマンが撮影したもので、ケース・スタディ・ハウス#22の夕景写真でしょう。これは夕景のロサンゼルスを背景に談笑するパラシュートスカートの女性のいるリビングルームを捉えたもので、ハリウッドの中腹、夕景のロサンゼルスをバックに浮遊するガラス張りのリビングルームの空間です。その写真の主役はその女性であり、写真で捉えられた「談笑」こそが主題です。ただ二次的に、その浮遊するガラスの空間、しかも屋根と床スラブだけが浮遊しているかのような空間がその「談笑」する人々という生活像を支えていることは強く伝わってきます。

　ケース・スタディ・ハウス#16の半透明のガラス・スクリーン、幾つものケース・スタディ・ハウスに現れる中庭、そこで展開される新しい屋外生活というライフスタイル、半屋外のアプローチ、ルーバー状のひさし、極め付きはコーニッグのケース・スタディ・ハウス#21や、キリングワースのトリアッドに現れたリフレクティング・プールという新しい水の空間（92ページ）など。ジュリアス・シュルマンとケース・スタディ・ハウスの写真が初めて見せてくれた建築空間と、そこで展開されるであろう新しいライフスタイルの姿は、これまでの伝統的なアメリカの住宅像や、あるいは東海岸の近代住宅の在り方とはまるで違ったものであることは一見して明らかだったでしょう。写真や映像の持つ力に気付き、さらに雑誌というメディアが

ジュリアス・シュルマン撮影
ピエール・コーニッグ「ケース・スタディ・ハウス# 22」(1960 年) の夕景

それを使って新しいライフスタイルをわかりやすい形で提示するというメディアと建築の関係は、まさに今日的な在り方です。

ケース・スタディ・ハウスの写真や『アーツ・アンド・アーキテクチャー』誌の紙面のビジュアルを見るとそれらは勿論映像的で、しかも同時に「享楽的なライフスタイル」をその背後に感じさせます。東海岸の「アンダーステイトメント」で、どこかピューリタンな住宅像とはずいぶん異なり、快楽を指向する雰囲気をはっきりとそこに持っていますし、ケース・スタディ・ハウスが当時「プレイボーイ・アーキテクチャー」と呼ばれたのも、そこからきた命名でしょう。それを過剰、と呼んでも良いのですが、それは現実の自然でさえ実は「仮想的現実」であるかもしれないこのロサンゼルスという風土と十分に呼応していることが窺えます。

当時のハリウッド映画、それも新しいマーケットである若者をターゲットとしたもの、例えばエルビス・プレスリー主演の「ブルーハワイ」などを想像してみると、こうした享楽的に思える生活像を支える建物としてのケース・スタディ・ハウス的ビジュアル、つまりキドニー・シェイプのプールと大きな引き戸のグラス・スクリーンで隔てられたリビングルームを持つ、鉄骨像で平屋のガラス・パビリオン、しかも暖炉付き——というような住宅像がその背景に使われています。ハリウッド映画そのものがケース・スタディ・ハウスのプロモーション・ムービーの役割を果たし、そうしたメディアの力があったからこそ世界中にケース・スタディ・ハウスは知られるところとなったのでしょう。

核家族の住宅として提案されたものが、「プレイボーイ」のための空間として受け取られた、これも建築がビジュアル・メディアと共にあったことの功罪のひとつでしょう。いずれにしろ、これは写真というビジュアルが建築の分野で大きな力を持ち、映画もそのイメージを再生産していったという、建築と映像、特に写真と映画という近代が創りだしたメディアが相互に影響

エドワード・キリングワース「ケース・スタディ・ハウス# 23」

を与えたという建築史上初めての例ではないでしょうか。もちろんボザールの建築とリトグラフなど、建築と映像が深い関係にあった先行事例は他にあるにしても、その影響力の大きさは桁違いであるといえます。

　蛇足ですが、南カリフォルニアでは、どうも建築はそんなに大きな役割を担っているわけで訳ではないという気がします。せいぜい雨を遮ってくれる屋根とエアコンが効くように内部を区切るグラス・スクリーンの外壁があれば十分なのかもしれない、そう感じることがあります。

クレイグ・エルウッド「キュブリー邸」

　ロサンゼルス郊外、パサディナの街に「木造のファンズワース邸」があるのをご存じでしょうか。クレイグ・エルウッドが設計したその住宅は、確かに「ファンズワース邸の写し」ですが、フォックス・リバー沿いに3枚のスラブを浮かせること、それに架構と対称軸を絡み合わせ、ガラスの物性にも罠を仕掛けることといったファンズワース邸の持つ建築的営為の意味、あるいはこちらが襟を正さざるを得ないような厳しさはここにはありません。パサディナの住宅にあるのは夕暮れにガラス越しに浮かび上がる家族の談笑風景や屋外での食事風景、それを支える木材のやさしい質感やガラス面に映り込む人々の顔といった、厳しさよりもむしろ享楽的な風景ではないでしょうか。確かに建築ってそれで十分だよねという気分になってくるし、そんなレイドバックした雰囲気こそがこの場所、ロサンゼルスの特質なのかもしれないと、この「木造のファンズワース邸」は思わせてくれるのです。

　同じような例をもうひとつ。東海岸、ワシントンDCの郊外にリチャード・ノイトラが設計した住宅を見に行った時のこと。季節が冬、しかも2月だったのが悪かったのかもしれませんが、その南カリフォルニアから移築したような

リチャード・ノイトラ「ワシントン D.C. 郊外の住宅」

住宅はどうにも居心地が悪そうに建っていました。なんだか凍えるような冬の風景の中で、建築が裸になって寒そうに震えている——そんな風に見えたのです。どこか芝居じみたノイトラの住宅はやっぱりロサンゼルスの方が合っている、ノイトラの住宅に雪が積もっている姿など見たくはないな、と思ったのです。

　ローカルな土地に根ざした建築などというクリシェを強調したいわけではありません。ただ、場所とその文化を理解しながら同時にどこでも成立する建築を設計すること、そのことの途方もない大変さと道のりの遠さを感じてほとんど眩暈に見舞われた。それが雪のちらつく真冬のワシントン郊外で自分の心に去来したことだったのです。

4　ふたたび、イームズ・ハウスへ

「過剰性」と「テクノロジー」、そして「建築」と「映像」——読み解くためのツールが揃ったところで、最後にイームズ・ハウスに戻ります。

正直にいえば、西海岸の建築の中で私自身が最も好きなのはクレイグ・エルウッドの作品であり、次いでピエール・コーニッグの住宅でした。イームズ・ハウスは見てみたいとは思うものの、積極的に研究する気にはなりませんでした。シンプルすぎて分析の対象にはならないように思えたのです。しかし、この章の冒頭に述べた言葉を思い出していただきたい。イームズ・ハウスとはそういう住宅、そのように見えてしまう住宅なのです。

ケース・スタディ・ハウス#8であるこの住宅は、ケース・スタディ・ハウスとしては例外だらけです。平屋ではなく2階建て、それに建築家本人の自邸＋スタジオだという点も勿論例外的ですが、それよりも重要なのは他のケース・スタディ・ハウス、クレイグ・エルウッドやピエール・コーニッグのものと比較すると、それらほど「享楽的」には見えないし、またテクノロジーという側面からいうと、「半歩先」に進んでもいないという点です。前者は建築家夫妻の自邸であることに依るのでしょうか。

後者のテクノロジーからの観点から解釈する方がイームズ・ハウスの理解にはより本質的かもしれません。よく知られているように、イームズ夫妻はすべての部材を「スイーツの部材カタログから選んだ」と述べています。すなわち半歩先の技術、テクノロジーを取り入れようとするよりは、徹底的に今日的であろうとしたということでしょう。これは技術に対する信頼とも考えられますが、逆に建築テクノロジーの進歩に対する諦念や否定とも受け取れます。それは極端に言えば、建築の竣工のときにはもう既に古臭くなっているかもしれないテクノロジーで構わないという態度表明です。エルウッドやコーニッグの建築とイームズ・ハウスとを隔てるもの、それはこのテクノロジーに対するペッシミスティックな態度です。

例えばキリングワースがケース・スタディ・ハウス#25で高さが6m近いアルミのドアをノースロップに発注して作ったような、建築の本質とは関係もなく無駄かもしれないところに注ぎ込まれるエネルギー、そうした過剰さこそがこの場所、ロサンゼルスの特質だとしたら、この建築はテクノロジーの側面から見るとそれから遥かに遠い所にあるように思えるのです。

その極めてリアリスティックでテクノロジーの「夢」からはほど遠いアプローチ、逆説的ですが、だからこそこのイームズ・ハウスは「古典的」名作となったと言えるのではないでしょうか。

しかしそんなイームズ・ハウスにも、ちゃん

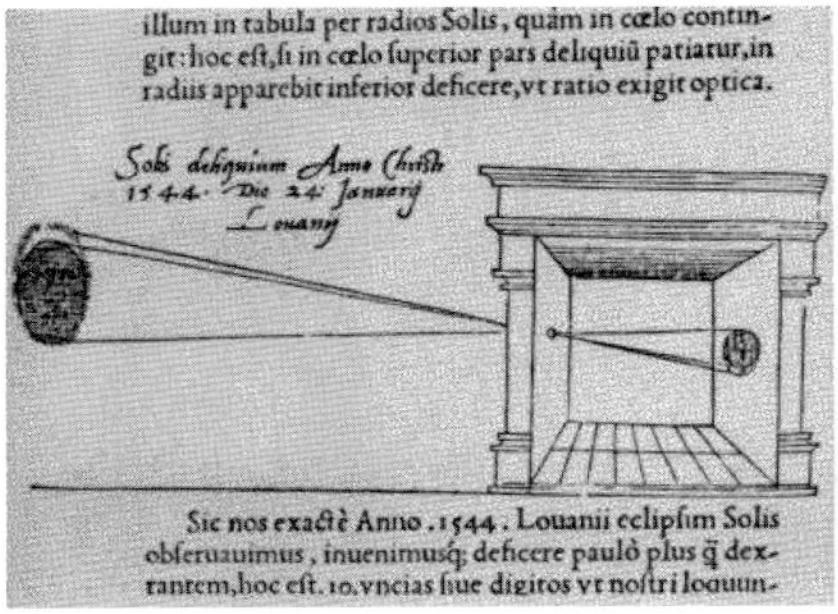

カメラ・オブスキュラ

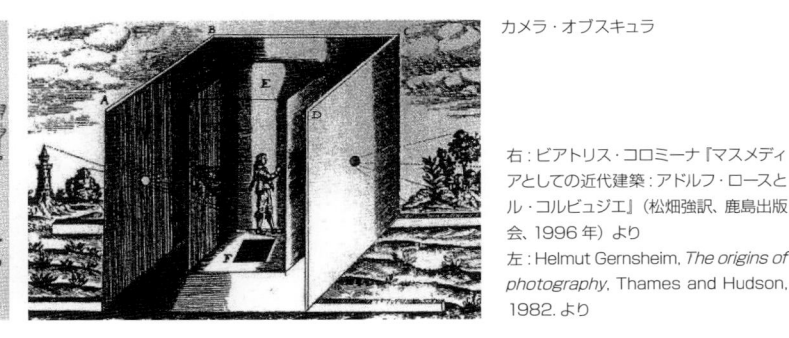

右：ビアトリス・コロミーナ『マスメディアとしての近代建築：アドルフ・ロースとル・コルビュジエ』（松畑強訳、鹿島出版会、1996年）より

左：Helmut Gernsheim, *The origins of photography*, Thames and Hudson, 1982. より

と「過剰さ」は隠されています。第1章で分析したように、イームズ・ハウスを「世界を映し取るための装置」としての建築だと考えてみるとどうでしょう。様相は一変します。それはとりもなおさずルネッサンス時代のピンホールカメラならぬ、20世紀の鉄とガラスの「透明」な時代の建築でありながら、同時に世界を映し取るための「カメラ・オブスキュラ」としての建築を創ろうという破天荒な（あるいは反時代的な）イームズ夫妻の試みを炙りだします。そのような意志が過剰でなくて一体何が過剰と言えるのでしょうか。

それは即ち、近代という理性と合理主義の時代、内部が外部に開く時代になっているにもかかわらず世界から閉じようとすること――しかも一見するとまるで閉じようもないオープンなガラスの箱、鉄とガラスの建築という形式を採用しながら閉じようという壮大な試みなのですから。

Light, Shadow and Reflection

Eames House by Philippe Ruault

資料編

Goessel, TASCHEN, 2002.

Eames Furniture Journal (Eames), Charles Eames, Ray Eames, Chronicle Books, 2002.

Eames Address Book (Eames), Lucia Eames, Charles Eames, Ray Eames, Chronicle Books, 2002.

Eames Sketchbook (Eames), Charles Eames, Ray Eames, Chronicle Books, 2002.

Charles and Ray Eames, Naomi Stungo, Carlton Books, 2000.

Diller + Scofido : Eyebeam Atelier of New Media / The Charles and Ray Eames Lecture, Elizabeth Diller, Ricardo Scofidio, University of Michigan, 2003.

Eames Chairs (Eames), Charles Eames, Ray Eames, Chronicle Books, 2003.

The Presence of the CASE STUDY HOUSES, Ethel Buisson, Thomas Billard, Birkhauser, 2004.

Charles & Ray Eames : 1907-1978, 1912-1988 : Pioneers of Mid-Century Modernism,Gloria Koenig, TASCHEN, 2006.

The Eames Lounge Chair : An Icon of Modern Design, Martin Eidelberg, Thomas Hine, Pat Kirkham, David A. Hanks, C. Ford Peatross, Merrell, 2006.

Case Study Houses: 1945-1966 (Taschen Basic Architecture), Elizabeth A. T. Smith, TASCHEN, 2006. (『ケース・スタディ・ハウス　CASE STUDY HOUSES』、TASCHEN、2006年)

The Furniture of Charles & Ray Eames, Rolf Fehlbaum, Eames Demetrios, Ram Distribution, 2007.

Charles and Ray Eames : Objects and Furniture Design by Architects (Objects and Furniture Design By Architects), Poligrafa, 2007.

日本語文献

『ケース・スタディ・ハウス―プロトタイプ住宅の試み』、岸和郎、植田実、住まいの図書館出版局、1997年

『「住宅」という考え方―20世紀的住宅の系譜』、松村秀一、東京大学出版会、1999年

『イームズ・デザイン展』、アプトインターナショナル、2001年

『イームズ時代の家具の本―ミッドセンチュリーの名作から無銘品まで全256作品』、枻出版社、2001年

『Casa BRUTUS vol.18　特別号：みんなのイームズ！』、マガジンハウス、2001年

『イームズ自邸』、同朋舎出版社、2001年

『20世紀の家具デザイン』、ゼンバッハ、ロイトホイザー、ゲッセル、Kazuko Isobe訳、TASCHEN、2002年

『とことん、イームズ！―ミッドセンチュリーを駆け抜けたチャールズ&レイの物語』、こんな家に住みたい編集部、枻出版社、2002年

『ハーマン ミラー物語 イームズはここから生まれた』、渡辺力、平凡社、2003年

『Casa BRUTUS特別編集　Eames - the universe of design ― 椅子だけじゃありません！天才デザイナー、イームズのすべて。』、マガジンハウス、2003年

『ミッドセンチュリー・モダン カタログコレクション　ハーマン・ミラー プレゼンツ』、エクスナレッジ、2004年

DVD

『EAMES FILMS　チャールズ&レイ・イームズの映像世界』、アスミックエース、2001年

CD-ROM

『Houses of the Century by Computer Graphics Vol 2 Eames house』、プランネットデジタルデザイン、2002年

イームズをもっと知るための主要参考文献リスト

欧文文献（日本語訳）

Charles Eames : Furniture from the Design Collection, Arthur Drexler, The Museum of Modern Art,1973.

Case Study Houses 1945-1962, Esther McCoy, Hennessey & Ingalls, 1977.

The Architecture of Los Angeles, Paul Gleye, Rosebud Books, 1981.

Ray & Charles Eames. Il collettivo della fantasia, Luciano Rubino, Edizioni Kappa, 1981.

Powers of Ten : A Book About the Relative Size of Things in the Universe and the Effect of Adding Another Zero, Philip Morrison, Phylis Morrison, Office of Charles and Ray Eames, W.H. Freeman & Company, 1982.（『パワーズ オブ テン――宇宙・人間・素粒子をめぐる大きさの旅』、村上陽一郎訳、村上公子訳、日経サイエンス、1983 年）

The City Observed : Los Angeles : A Guide to its Architecture and Landscape, Charles W. Moore, Vintage Books,1984.

Architecture in Los Angeles : A Complete Guide, David Gebhard, Robert Winter, Gibbs - Smith, 1985.

The Work of Charles and Ray Eames : A Legacy of Invention, Diana Murphy (Editor), Harry N. Abrams, 1987.

Eames Design : The Work of the Office of Charles and Ray Eames, Ray Eames, John Neuhart, Marilyn Neuhart, Harry N. Abrams, 1989.

A Computer Perspective : Background to the Computer Age, The Office of Charles and Ray Eames, Harvard University Press, 1990.（『A COMPUTER PERSPECTIVE――計算機創造の軌跡』、山本敦子訳、和田英二訳、ASCII、1994 年）

Arts & Architecture : The Entenza Years, Barbara Goldstein (Editor), The MIT Press, 1990.

Eames House, Charles and Ray Eames: Charles and Ray Eames (Architecture in Detail), James Steele, PHAIDON, 1994.

Eames House, Marilyn Neuhart, John Neuhart, Ernst,Wilhelm & Sohn,Verlag fur Architektur und Technische Wissenschaften Gmbh.,Germany, 1994.

Eames House : Pacific Palisades 1949. Charles and Ray Eames(Architecture in Detail), James Steele, PHAIDON, 1994.

The Herman Miller Collection, 1952 : Furniture Designed by George Nelson and Charles Eames, With Occasional Pieces by Isamu Noguchi, Peter Hvidt, and (Acanthus Press Reprint Series. 20th Century, Landmarks in Design, V. 5.), Herman Miller Inc., Acanthus Press, 1995.

The Work of Charles and Ray Eames: A Legacy of Invention, James H. Billington, Donald Albrecht, Harry N. Abrams, 1995.

The Modern Steel House, Neil Jackson, E & FN Spon, London / New York, 1996.

The Work of Charles and Ray Eames : A Legacy of Invention, Donald Albrecht, Harry N Abrams, 1997.

Die Welt Von Charles Und Ray Eames, D. Albrecht, Wiley-VCH, 1997.

Arts & Architecture : The Entenza Years (California Architecture and Architects), Hennessey & Ingalls, 1998.

Charles and Ray Eames : Designers of the Twentieth Century, Pat Kirkham, The MIT Press, 1998.

Powers of Ten : A Flipbook, Charles Eames and Ray Eames, W. H. Freeman & Co., 1998.

Blueprints for Modern Living : History and Legacy of the Case Study Houses, Elizabeth A. T. Smith, Esther McCoy, The MIT Press, 1999.

Twentieth-Century Houses : Frank Lloyd Wright, Falling-water ; Alvar Aalto, Villa Mairea ; Charles and Ray Eames, Eames House (Architecture 3s), Robert MaCarter, PHAIDON, 1999.

Fifteen Things Charles & Ray Teach Us, Eames Office, Keith Yamashita, Eames Office, 1999.

Eames House : An Appreciation of the Work of Charles & Ray Eames, James Barkeley, Amer Vessel, 2001.

An Eames Primer, Eames Demetrios, Universe Publishing, 2002.（『An Eames Primer イームズ入門――チャールズ & レイ・イームズのデザイン原風景』、泉川真紀（日本語版監修）、助川晃自訳、日本文教出版、2004 年）

CASE STUDY HOUSES : THE COMPLETE CSH PROGRAM 1945-1966, Elizabeth A.T.Smith, Julius Shulman, Peter

イームズ年表
CHRONOLOGY OF EAMES DESIGN

構成＝松井真平

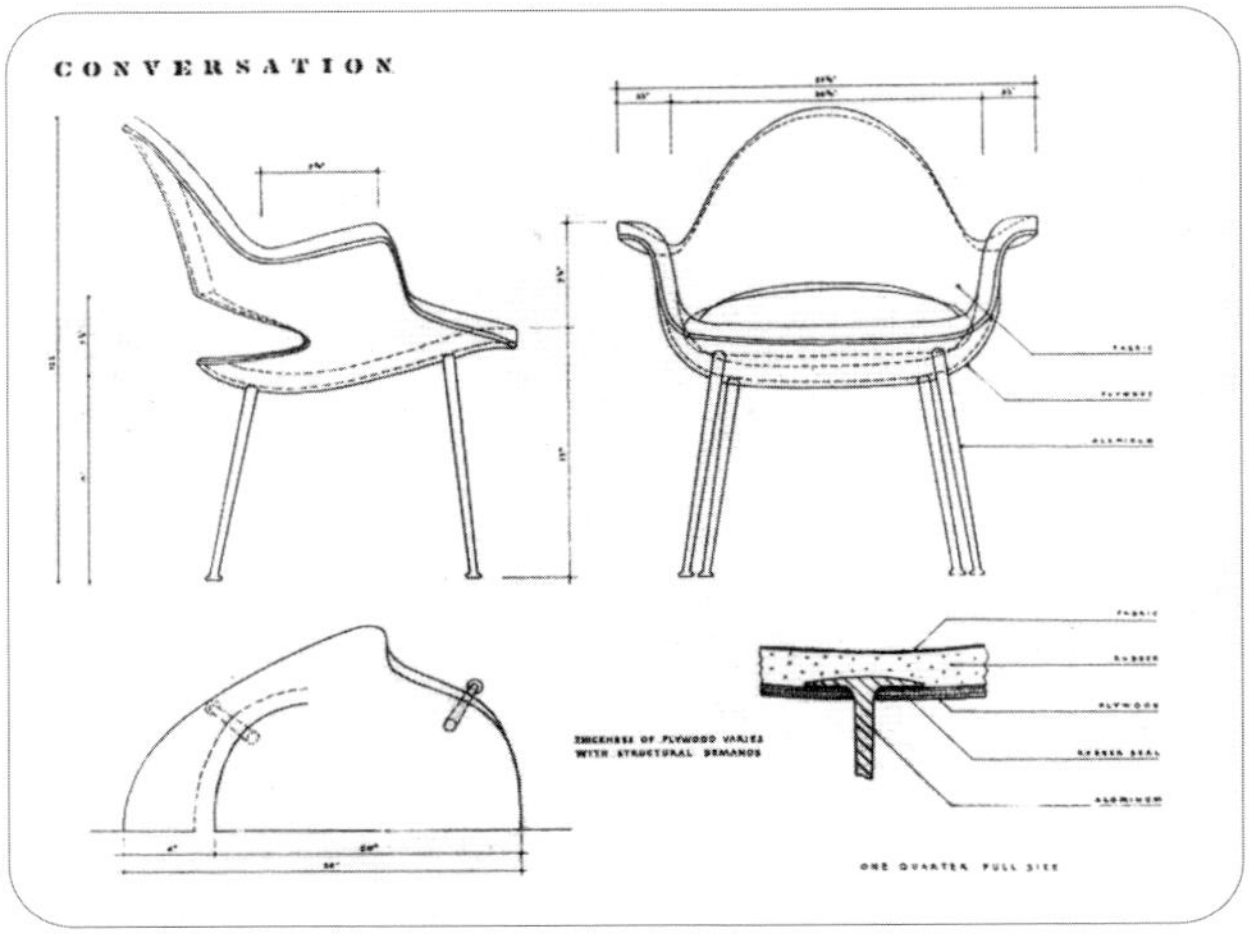

「カンバセーション・チェア」1940

「彫刻」1941-1945

西暦	チャールズ&レイ	その他の出来事
1907	● チャールズ・イームズ、ミズーリ州セントルイスに生まれる	● ドイツ工作連盟結成
1912	○ バーナイス・カイザー(レイ)、カリフォルニア州サクラメントに生まれる	● ヨーゼフ・ゴチャール「ボーダネチェのサナトリウム」 ● タイタニック号沈没 ● 明治天皇崩御、大正へ改元
1917	● チャールズ、町の印刷屋に働きに出る	● デ・スティル(ロッテルダム派)結成
1920	● 父親の遺した写真機材を発見し、映画や写真に興味をもち始める	● ル・コルビュジエ「レスプリ・ヌーヴォー」創刊 ● ウラジミール・タトリン「第三インターナショナル記念塔」 ● 明治神宮竣工
1921	● チャールズ、イートマン高校に入学	● エーリヒ・メンデルゾーン「アインシュタイン塔」
1925	● チャールズ、奨学金を受けワシントン大学建築科に入学	● ル・コルビュジエ「レスプリ・ヌーヴォー館」
1928	● チャールズ、ワシントン大学退学	● 近代建築国際会議(CIAM)結成
1929	● チャールズ、キャサリン・ウォーマンと結婚、ヨーロッパ新婚旅行の折、初めてミース、グロピウス、ル・コルビュジエの仕事に触れる ● 娘ルシアが生まれる	● ミース・ファン・デル・ローエ「バルセロナ・パビリオン」 ● リチャード・ノイトラ「ロヴェル邸(健康住宅)」 ● ニューヨーク近代美術館(MoMA)開館 ● 世界大恐慌 ● アメリカで盲導犬が導入される
1930	● チャールズ、セントルイスに建築事務所を開設	● ミース・ファン・デル・ローエ「チューゲンハット邸」
1931	○ レイ、サクラメントの高校を卒業、ニューヨークに転居、メイ・フレンド・ベネット・スクール入学	● ル・コルビュジエ「サヴォワ邸」 ● ピエール・シャロー「ガラスの家」 ● 満州事変
1933	○ レイ、メイ・フレンド・ベネット・スクール卒業、画家ハンス・ホフマンの学校に通う	● アルヴァ・アールト「パイミオのサナトリウム」 ● アントニン・レーモンド「夏の家」(現・ペイネ美術館) ● ヒトラー独裁政権樹立
1934	● チャールズ、事務所を閉め、8カ月のメキシコ旅行に出る	● ヴィトラ社創業
1935	● チャールズ、ロバート・ウォルシュと建築事務所を開設 ● 設計したセント・メリーズ教会が「アーキテクチュアル・フォーラム」に掲載されたことを機にエリエル・サーリネンとの交流が始まる	● アルヴァ・アールト「ヴィープリ市立図書館」 ● エドゥアルド・トロハ「マドリッド競馬場」 ● アルヴァ・アールト、アルテック社設立 ● ジャック・プリチャード、アイソコン社設立 ● フランス人民戦線誕生
1936	● 「ディンスモア邸」	● フランク・ロイド・ライト「落水荘(カウフマン邸)」
1938	● チャールズ、クランブルック・アカデミーの特別研究生となる(クランブルック美術学院) ● 「マイヤー邸」	● アダルベルト・リベラ「マラパルテ邸」 ● フランク・ロイド・ライト「タリアセン・ウェスト」 ● ハンス・G・ノール、ノール社設立
1939	● チャールズ、クランブルック・アカデミーで工業デザイン学科講師を勤める ● 「クラインハンス・チェア」(イームズ＝サーリネン作)	● アルヴァ・アールト「マイレア邸」 ● フランク・ロイド・ライト「ジョンソン・ワックス本社」 ● 第二次世界大戦勃発
1940	○ レイ、クランブルック・アカデミーに入学 ● チャールズ、エーロ・サーリネン、MoMA主催「住宅家具のオーガニックデザインコンペ」一等 ● 「カンバセーション・チェア」	● エリック・グンナー・アスプルンド「森の火葬場」 ● ミース・ファン・デル・ローエ「イリノイ工科大学キャンパス」 ● 吉田五十八「岩波別邸(惜櫟荘)」 ● フィン・ユール「ペリカン・チェア」 ● チャールズ・チャップリン「独裁者」(映画) ● 天童木工設立 ● 日独伊三国同盟

「DCW, FSW」1945-1946, 1946

「『アーツ&アーキテクチャー』の表紙」1942-1947

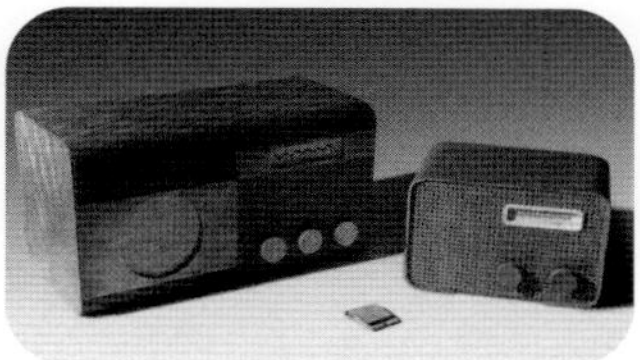
「ラジオ(筐体)」1946

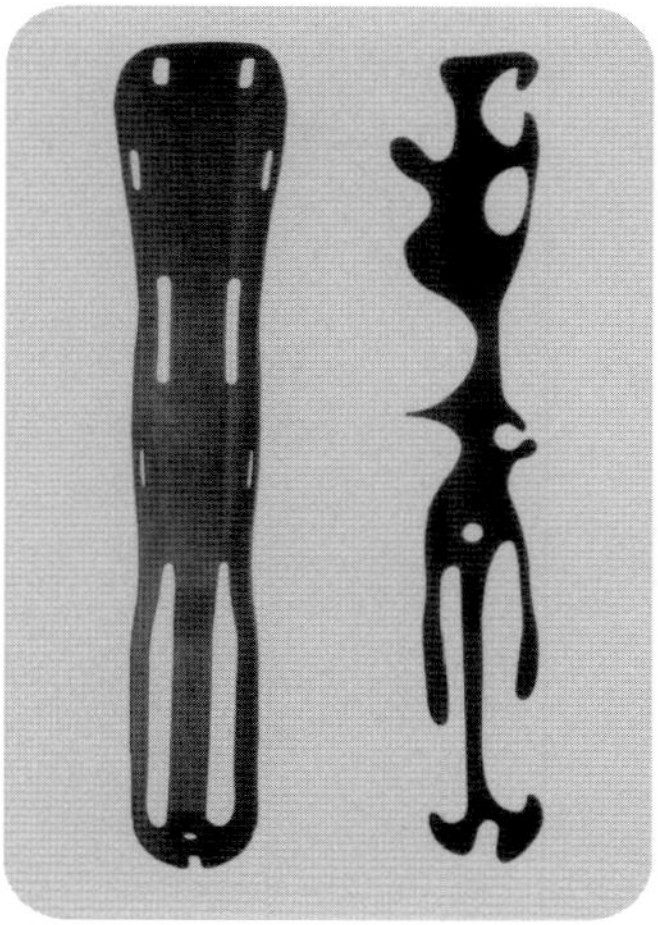
「レッグ・スプリントと彫刻」1941-1945

1941

- チャールズ、キャサリン・ウォーマンと離婚
- チャールズとレイ結婚、カリフォルニアに転居
- 成型合板の造形的可能性を探り始める
- 「レッグ・スプリント」の開発
- 「オーガニック・チェア」(イームズ=サーリネン作)
- 「マイヤ・グロテル・プロジェクト」(映画)

1942

- プライフォームド・ウッドカンパニー設立
- レイ、「アーツ&アーキテクチャー」誌の表紙デザイン
- 「彫刻」

1943

- カリフォルニアのワシントン通り901番地に仕事場を移す
- プライフォームド・ウッド・カンパニーがエヴァンス社成型合板部門となる
- グライダー試作機のための成型合板製ブリスター(胴体パーツ)製作
- 「パイロット・シート」

1944

1945

- 「レクチャー1」(スライド・ショー)
- 「LCW(Lounge Chair Wood)」
- 「DCW(Dining Chair Wood)」
- 「チルドレンズ・チェア」
- 「チルドレンズ・スツール」
- 「プライウッド・エレファント」

1941

- フランク・ロイド・ライト「エリンウッズ邸」
- 前川国男、丹下健三「岸記念体育館」
- 前川国男「前川自邸」
- ジークフリート・ギーディオン「空間・時間・建築」(著)
- レイモンド・ローウィ「ラッキーストライク」(パッケージ・デザイン)
- エル・リシツキー死去
- 安藤忠雄生まれる
- 日本軍、ハワイ真珠湾攻撃により日米開戦

1942

- アルネ・ヤコブセン「オーフス市庁舎」
- アダルベルト・リベラ「EUR(ローマ万国博覧会)」
- 丹下健三「大東亜建設記念営造計画設計競技」一等
- メルロ=ポンティ「行動の構造」(著)
- マイケル・カーティス「カサブランカ」(映画)
- ルキーノ・ヴィスコンティ「郵便配達は二度ベルを鳴らす」(映画)
- エクトール・ギマール死去
- モハメド・アリ生まれる
- ミッドウェー海戦

1943

- アテネ憲章発表
- ル・コルビュジエ「ASCORAL」創立
- 丹下健三「在盤谷日本文化会館設計競技」一等
- ジュゼッペ・テラーニ死去
- 学徒出陣
- イタリア、無条件降伏

1944

- 連合軍、ノルマンディー上陸(パリ解放)
- フランクリン・ルーズベルト、アメリカ大統領選挙で4選
- ウィルトン・C・ディンギス、エメコ社設立
- レム・コールハース生まれる

1945

- フィン・ユール「イージーチェア NV45」
- 第二次世界大戦終結

「『チャールズ・イームズによる新しい家具デザイン』展」1946

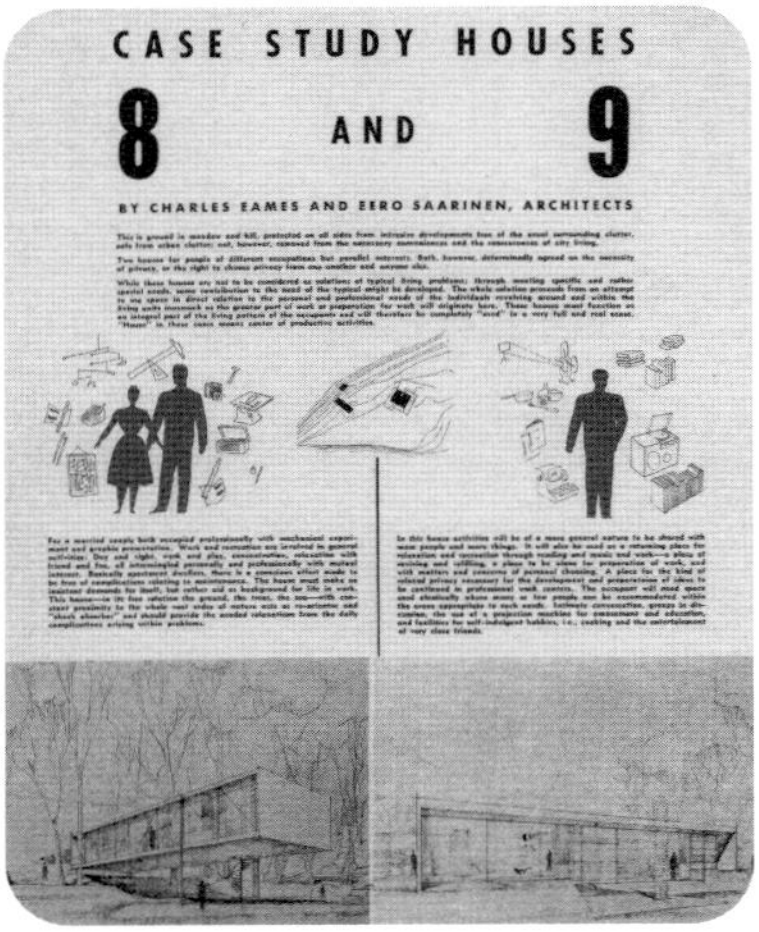

「応募要項とケーススタディハウス＃8、＃9の初期設計案」1945

1946
- MoMA主催「チャールズ・イームズによる新しい家具デザイン」展
- 「LCM(Lounge Chair Metal)」
- 「DCM(Dining Chair Metal)」
- 「CTW(Coffee Table Wood)」
- 「CTM(Coffee Table Metal)」
- 「FSW(Folding Screen Wall)」
- 「Case Goods」
- 「プライウッド・ラウンジチェア」
- 「ラジオ」(筐体)

1947
- チャールズ、ハーマンミラー社のデザインコンサルタントになる
- MoMA主催「プリント・テキスタイル・コンペ」入選
- 「プライウッド・フォールディング・テーブル」
- 「シー・シングス・トレイ」

1948
- MoMA主催「ローコスト家具デザイン国際コンペ」入選
- ハーマンミラー社のグラフィックを手がける
- 「ラ・シェーズ」

1949
- 「ケース・スタディ・ハウス＃8(イームズ邸)」
- 「ケース・スタディ・ハウス＃9(エンテンザ邸)」
- 「ハーマンミラー社ショールーム」

1950
- 「Good Design」展
- 「旅する少年」(映画)
- 「ESU(Eames Storage Unit)」
- 「プラスティック・アームチェア」
- 「プラスティック・サイドチェア」
- 「ローワイヤー・テーブル」
- 「マスク」
- 「Carson Pirie Scott Window」
- 「ワイルダー邸」(計画)

1946
- ドイツ工作連盟、再発足
- ワルター・グロピウス、TAC結成
- ミース・ファン・デル・ローエ「IITアルムニ記念館」
- ハンス・J・ウェグナー、事務所設立
- カッペリーニ社設立
- アルヴァ・アールト、マサチューセッツ工科大学教授に就任
- バックミンスター・フラー「流体地理学」(著)
- 「新建築」復刊
- 日本国憲法発布
- 米国、ビキニ環礁で原爆実験

1947
- ルイス・バラガン「バラガン自邸」
- マルセル・ブロイヤー「ブロイヤー自邸」
- ル・コルビュジエ「国際連合本部」(計画)
- ジャン・プルーヴェ「ディスマウンタブルチェア」
- ボーエ・モーエンセン「J39」
- ヘンリー・フォード死去
- パキスタン、インドから分離独立

1948
- 「国際建築家連合(UIA)」第一回会議
- アルヴァ・アールト「ベイガー・ハウス(MIT寄宿舎)」
- ジョージ・ネルソン「ボールロック」
- イサム・ノグチ「ノグチ・テーブル」
- ガンジー暗殺

1949
- フィリップ・ジョンソン「ガラスの家(ジョンソン自邸)」
- マルセル・ブロイヤー「成長する家族のための家」
- ハンス・J・ウェグナー「ザ・チェア」「Yチェア」
- ジュリオ・カステリ、カルテル社設立
- NATO成立
- 中華人民共和国成立

1950
- ミース・ファン・デル・ローエ「ファンズワース邸」
- ブルース・ガフ「森の愛好者の家(バーヴィンジャー・ハウス)」
- 堀口捨己「八勝館・御幸の間」
- アルベルト・ジャコメッティ「七つの人物と一つの顔」(彫刻)
- エリエル・サーリネン死去
- 朝鮮戦争開始

「ラ・シェーズに座るチャールズとレイ」1948

「ESU」1950

年	イームズ	社会
1951	●「ワイヤーメッシュ・ソファ」 ●「ワイヤーメッシュ・チェア」 ●「ETR(Elliptical Table Rod Wire Base)」 ●「Kwikset House」 ●「トイ」 ●「Macy's 4 - Room Display」	●ル・コルビュジエ「チャンディガール高等裁判所」 ●ミース・ファン・デル・ローエ「レイク・ショア・ドライブ・アパートメント」 ●アントニン・レーモンド「リーダーズ・ダイジェスト東京支社」 ●アルフレックス社設立 ●アレキサンダー・ジラード、チャールズの推薦でハーマンミラー社に参加 ●サンフランシスコ講和条約
1952	●「ブラックトップ」(映画) ●「パレード:あるいは彼らが街にやってきた」(映画) ●「ハウス・オブ・カード」 ●「リトル・トイ」 ●「Philip Dunne Office」	●アルヴァ・アールト「セイナッツァロの役場」 ●ル・コルビュジエ「ユニテ・ダビタシオン」(マルセイユ) ●レフ・ルドネフ「モスクワ大学」 ●ゴードン・バンシャフト(SOM)「レヴァー・ハウス」 ●清家清「斉藤助教授の家」 ●ハリー・ベルトイア「ダイアモンドチェア」 ●アルネ・ヤコブセン「アントチェア」 ●ジョン・ケージ「4分33秒」(作曲) ●ジーン・ケリー「雨に唄えば」(映画) ●血のメーデー
1953	●「コミュニケーション入門」(映画) ●「パン」(映画) ●「レイルロード」(スライド・ショー) ●「Seascape」(スライド・ショー) ●「タウンスケープ」(スライド・ショー) ●「ロードレース」(スライド・ショー) ●「ハング・イット・オール」 ●「ジャイアント・ハウス・オブ・カード」	●ジェームズ・ファン・オゴールマン「メキシコ大学都市」 ●ルイス・カーン「イェール・アート・ギャラリー」 ●村野藤吾「世界平和記念聖堂」 ●コンラッド・ワックスマン「スペースフレーム」 ●マックス・ビル、ウルム造形大学設立 ●ピーピーモブラー社設立 ●ウィリアム・ワイラー「ローマの休日」(映画) ●小津安二郎「東京物語」(映画)
1954	●「S-73」(映画) ●「スタジアム・シーティング」 ●「ソファ・コンパクト」 ●「コンパクト・ストレージ」 ●「マックス・デプリー邸」	●アリソン&ピーター・スミッソン「ニューブルータリズム」の提唱「ハンスタントン新中等学校」 ●前川国男「神奈川県立図書館・音楽堂」 ●ジャン・プルーヴェ「リールの展示ホール」 ●ワルター・グロピウス来日 ●アウレリオ・ザノッタ、ザノッタ社設立 ●エリック・ヨアンセン社設立 ●ビリー・ワイルダー「麗しのサブリナ」(映画) ●米国、ビキニ環礁で水爆実験 ●保安隊から自衛隊へ

「プラスティック・チェア」1950-1953

「ワイヤーメッシュ・チェア」1951-1953

1955
- 「スタッキング・チェア」
- 「カラーリング・トイ」
- 「ハウス：5年後の記憶」(映画)
- 「Textiles and Ornamental Art of India」(映画)
- 「Two Baroque Churches in Germany」(映画)
- 「Lucia Case Vignette」(映画)
- 「Konditorei」(スライド・ショー)

1956
- 「イームズ・ラウンジ・チェア」(映画)
- 「ラウンジチェア&オットマン」
- 「スティーブン社スピーカー」

1957
- 12月に初めて日本を訪れる
- ヴィトラ社、イームズの家具をライセンスで欧州に導入
- 「死者の日」(映画)
- 「おもちゃの汽車のトッカータ」(映画)
- 「スターズ・オブ・ジャズ」(映画)
- 「The Information Machine」(映画)
- 「The Spirit of St. Louis」(編集映画)
- 「ソーラー何もしないマシーン」
- 「Griffith Park Railroad」

1958
- 「インド・レポート」
- 「空港の拡張」(映画)
- 「De Gaulle Sketch」(映画)
- 「Herman Miller at the Brussels World's Fair」(映画)
- 「アルミナム・グループ」

1955
- ル・コルビュジエ「ノートル・ダム・デュ・オー(ロンシャンの教会)」
- エーロ・サーリネン「MITクレスジ講堂・礼拝堂」
- アントニン・レーモンド「聖アンセルモ教会」
- 丹下健三「広島計画」「広島平和記念会館陳列館・本館」
- 前川国男、坂倉準三、吉村順三「国際文化会館」
- ウォルト・ディズニー「ディズニーランド」
- アルネ・ヤコブセン「セブンチェア」
- ポール・ケアホルム「PK22」
- ジョージ・ネルソン「ココナッツチェア」
- シャルロット・ペリアン「ペリアンチェア」
- レヴィ=ストロース「悲しき熱帯」(著)
- 自由民主党成立

1956
- チームX誕生
- ミース・ファン・デル・ローエ「IIT・クラウンホール」
- ジオ・ポンティ「ピレッリビル」
- 吉坂隆正「ヴェネツィア・ビエンナーレ日本館」
- ジョージ・ネルソン「マシュマロソファ」
- 柳宗理「バタフライスツール」
- エーロ・サーリネン「チューリップチェア」
- 中東戦争

1957
- ピエール・ルイジ・ネルヴィ「スポーツ・小パレス」
- ルチオ・コスタ「ブラジリア設計競技」一等
- ジオ・ポンティ「スーパーレジェーラ」
- ビリー・ワイルダー「翼よ、あれが巴里の灯だ」(映画)
- スプートニク1号
- 昭和基地設営

1958
- ジームズ・スターリング「ハム・コモンの集合住宅」
- アルヴァ・アールト「クルトゥーリ・タロ(文化の家)」
- ミース・ファン・デル・ローエ、フィリップ・ジョンソン「シーグラムビル」
- バックミンスター・フラー「ユニオン・タンク社のジオデジックドーム」
- ワルター・グロピウス「パンナム・ビル」
- エーロ・サーリネン「イェール大学ホッケーリンク」
- 菊竹清訓「スカイハウス」「海上都市」
- 内藤多仲、日建設計「東京タワー」
- ボーエ・モーエンセン「スパニッシュチェア」
- ヴェルナー・パントン「ハートコーンチェア」
- レヴィ=ストロース「構造人類学」(著)
- アラブ連邦成立

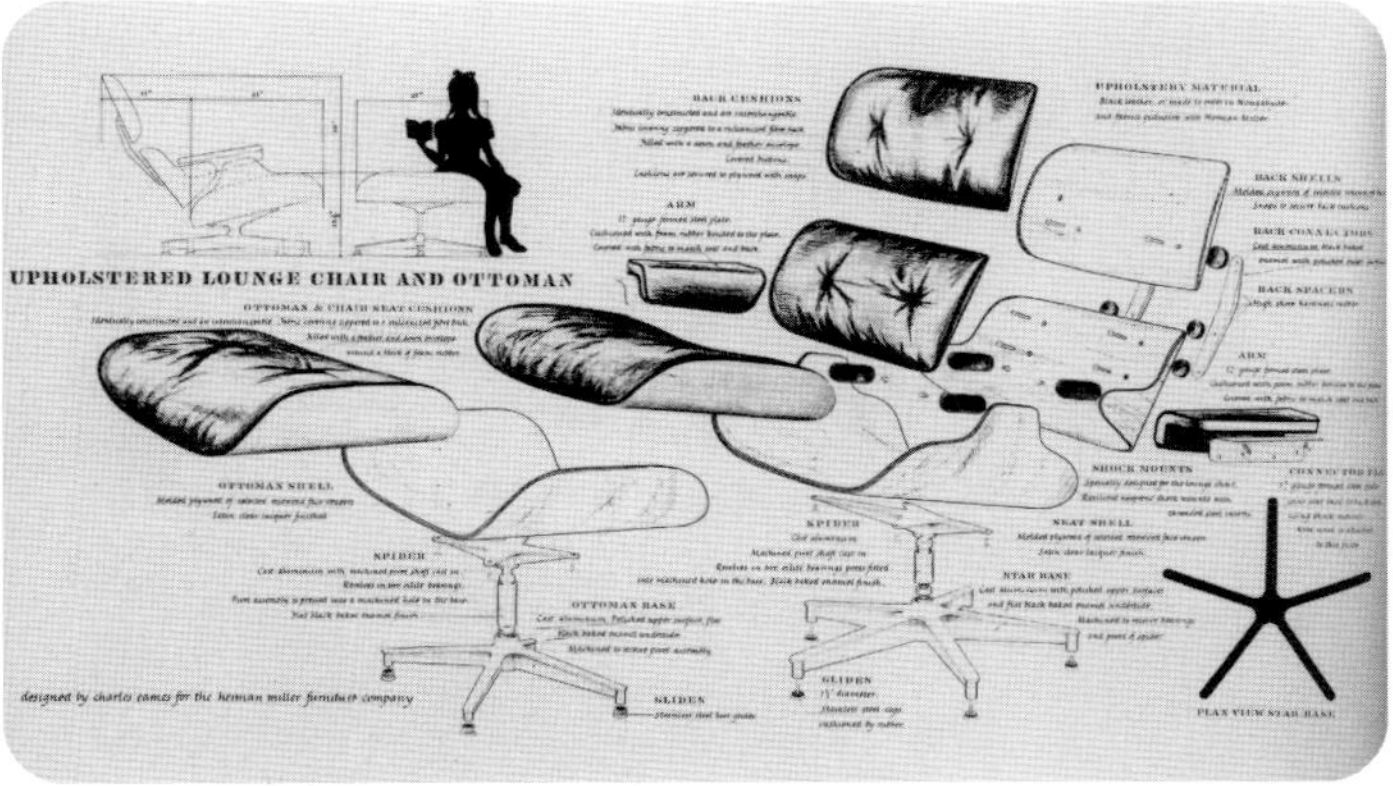

「ラウンジチェア＆オットマン」1956

「ワイヤーメッシュ・ソファ」1951

1959
- 米ソ冷戦下のモスクワで「アメリカの光景」(映画)発表
- 「カレイドスコープ・ショップ」(映画)
- 「Time & Life Building International Lobby」(映画)
- 「レヴェル社のトイハウス」

1960
- 東京の伊勢丹百貨店でハーマンミラー社製品の展覧会開催
- 「カレイドスコープ・ジャズ・チェア」(映画)
- 「An Introduction to Feedback」(映画)
- 「50年代の音楽」(映画)
- 「50年代の死者」(映画)
- 「50年代のコミック」(映画)
- 「タイム・ライフ・チェア」
- 「ウォールナット・スツール」

1961
- 「マテマティカ展：数の世界…そしてその向こう」
- 「マテマティカ・ピープショー」(映画)
- 「ECS」(映画)
- 「Tivoli」(スライド・ショー)
- 「エグゼクティブチェア」
- 「ラ・フォンダ・チェア」
- 「ECS(Eames Contract Strage)」

1962
- 「The Good Years」(映画)
- 「ハウス・オブ・サイエンス(映画)
- 「Before the Fair」(映画)
- 「IBM Fair Presentation #1(映画)
- 「IBM Fair Presentation #2」(映画)
- 「The Good Years」(映画)
- 「タンデムスリング・シーティング」

1963
- 「タンデムシェル・シーティング」

1959
- アルヴァ・アールト「ヴォクセンニスカ教会」
- ル・コルビュジエ「ラ・トゥーレット修道院」「国立西洋美術館」
- ピエール・ルイジ・ネルヴィ「スポーツ・パレス」
- フランク・ロイド・ライト「グッゲンハイム美術館」
- ピエール・コーニッグ「ケース・スタディ・ハウス#22」
- フランク・ロイド・ライト死去
- キューバ革命

1960
- メタボリズム・グループ結成
- アルド・ファン・アイク「オランダ構造主義」の提唱「子どもの家(アムステルダム市立孤児院)」
- オスカー・ニーマイヤー「ブラジリア議事堂」
- フレデリック・キースラー「エンドレス・ハウス」
- 第一回グッドデザイン賞
- ベトナム戦争

1961
- アーキグラム結成
- セドリック・プライス「ロンドン動物園鳥小屋」
- アトリエ5「ハーレンの集合住宅」
- バックミンスター・フラー「マンハッタン・ジオデジックドーム」
- ルイス・カーン「ペンシルヴァニア大学リチャーズ医学研究所」
- 丹下健三研究室「東京計画一九六〇」
- エーロ・サーリネン死去
- ベルリン封鎖、ベルリンの壁構築

1962
- アルヴァ・アールト「ヴォルフスブルクの文化センター」「ノイエ・ファールの高層集合住宅」
- エーロ・サーリネン「TWA航空ターミナル」
- 吉村順三「軽井沢の家」
- レヴィ＝ストロース「野生の思考」(著)
- 国産旅客機YS-11生産開始
- アンドレイ・タルコフスキー「僕の村は戦場だった」(映画)
- キューバ危機

1963
- ハンス・シャロウン「ベルリン・フィル・ハーモニー・コンサートホール」
- ジェームズ・スターリング「レスター大学工学部」
- ロバート・ヴェンチューリ「母の家」
- ル・コルビュジエ「チャンディガールの州政府庁舎」
- ハンス・J・ウェグナー「スリー・レッグド・プライウッドチェア」
- エーロ・アアルニオ「ボールチェア」
- アンディ・ウォーホル「キャンベル・スープの缶」
- ナム・ジュン・パイク個展
- ケネディー大統領暗殺

「ハウス・オブ・カード」1952

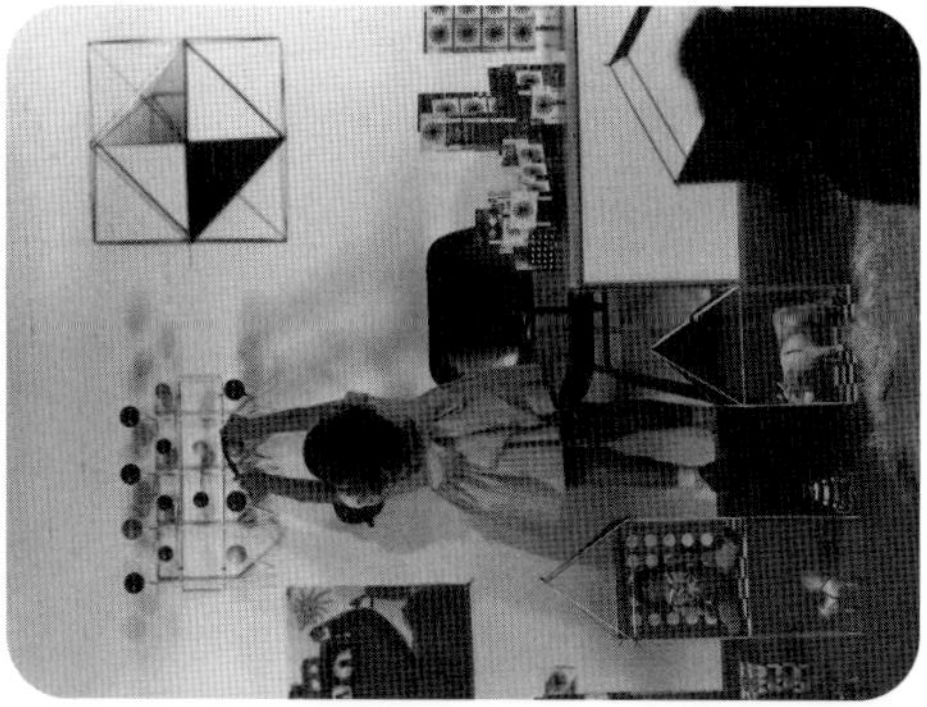

「ハング・イット・オール」1953

1964
- ニューヨーク万博「IBMパビリオン」の展示、映像ショー
- 「ハウス・オブ・サイエンス」(映画)
- 「THINK」(映画)
- 「スクール・シーティング」
- 「3437 ソファ」
- 「セグメンテッド・ベース・テーブル」

1965
- 「ネルー：その生涯と祖国」展
- 「The Smithsonian Institution」(映画)
- 「Westinghouse in Alphabetical Order」(映画)
- 「IBM at the Fair」(映画)
- 「Computer Day at Midvale」(映画)
- 「Sherlock Holmes and the Singular Case of the Plural Green Mustache」(映画)

1966
- 「ピープルウォールからの眺め」(映画)
- 「The Leading Edge」(映画)
- 「Men of Modern Mathematics」(Timeline)
- 「Smithsonian Carousel」

1967
- 「水族館」(映画)
- 「The Scheutz Machine」(映画)
- 「ピカソ」(スライド・ショー)
- 「G.E.M.」(スライド・ショー)
- 「Herman Miller International」(スライド・ショー)
- 「A Pictorial History of Herman Miller International」(Timeline)

1964
- ハンス・ホライン「航空母艦都市」
- ピーター・クック(アーキグラム)「プラグイン・シティ」
- ロン・ヘロン(アーキグラム)「ウォーキング・シティ」
- アルヴァ・アールト「オタニエミ工科大学」
- カルロ・スカルパ「カステルヴェッキオ美術館」
- 丹下健三「国立屋内総合競技場・付属体育館」
- バーナード・ルドフスキー「建築家なしの建築」展
- 東京オリンピック開催

1965
- チャールズ・ムーア「シーランチ・コンドミニアム」
- チャールズ・グワスメイ「グワスメイ邸スタジオ」
- ルイス・カーン「ソーク生物学研究所」
- ユーロ・クッカプロ「カルセリ・チェア」
- ル・コルビュジエ死去
- 中国、文化大革命

1966
- ジョン・ヘイダック「住宅第10号」
- 磯崎新「大分県立図書館」
- ロバート・ヴェンチューリ「建築の多様性と対立性」(著)
- ミシェル・フーコー「言葉と物」(著)
- レイナー・バンハム「ニュー・ブルータリズム」(著)
- ハンス・ホフマン死去
- ビートルズ来日
- いざなぎ景気

1967
- バックミンスター・フラー「モントリオール博・アメリカ館」
- ジェームズ・スターリング「ケンブリッジ大学歴史学部」
- ジョン・ヘイダック「ダイアモンド・ハウス」
- エーロ・アアルニオ「パスティルチェア」
- 帝国ホテル取り壊し
- ピエール・ジャンヌレ死去
- 第三次中東戦争

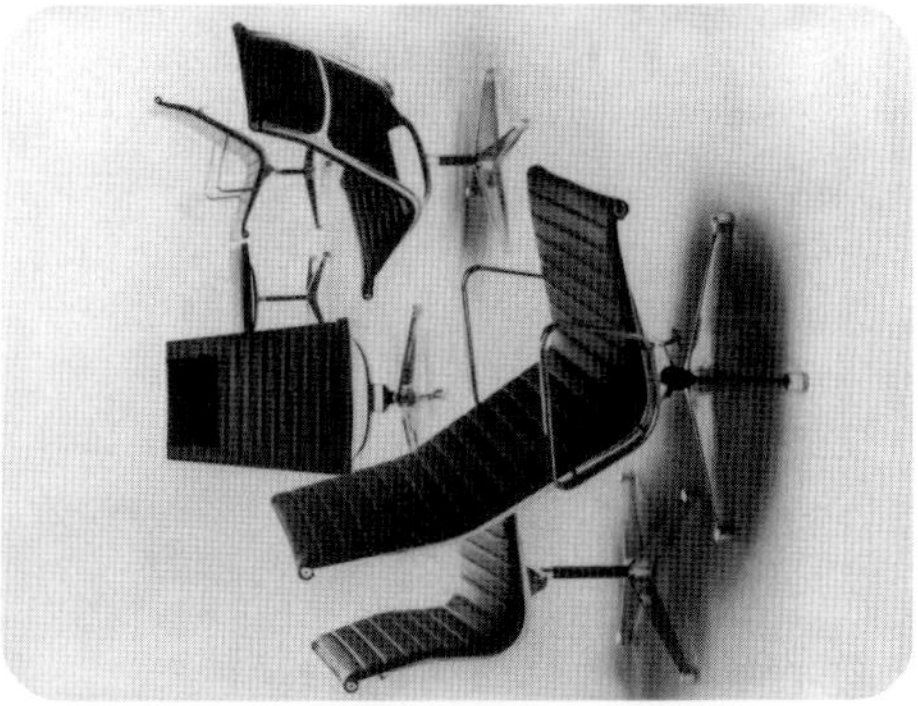

「アルミナム・グループ」1958-1969

「レヴェル社のトイハウス」1959

1968
- 「インターミディエイト・デスクチェア」
- 「ソフトパッド・チェイス」(ビリー・ワイルダー・チェイス)
- 「Photography & the City」展
- 「パワーズ・オブ・テン：ラフ・スケッチ」(映画)
- 「Dealing with the Powers of Ten and the Relative Size of the Universe」(映画)
- 「The Lick Observatory」(映画)
- 「A Computer Glossary」(映画)
- 「IBM ミュージアム」(映画)
- 「バベッジの加算機」(映画)

1969
- 「デザインとは?」展
- 「ソフトパッド・グループ」
- 「Image of the City」(映画)
- 「こま」(映画)
- 「国立漁業センター＆水族館」(小冊子)

1970
- 「コンピュータ・ハウス・オブ・カード」(大阪万博、IBMパビリオン)
- 「ソフト・パッド」(映画)
- 「ファイバーグラス・チェア」(映画)
- 「黒船」(映画)
- 「小さなクラゲ：ポリオーキス・ハプルス」(映画)
- 「ドラフティング・チェア」

1971
- 「コンピューターの遠近法」展
- 「道化師」(映画)
- 「Computer Landscape」(映画)
- 「ルースクッション・アームチェア」
- 「ツーピース・プラスティック・チェア」

1972
- 「Wallace J. Eckert, Celestial Mechanic」展
- 「コペルニクス」展
- 「フィボナッチ：成長と形態」展
- 「コンピューターの遠近法」(映画)
- 「バナナ・リーフ」(映画)
- 「スモウ・レスラー」(映画)
- 「SX - 70」(映画)
- 「デザインQ&A」(映画)
- 「Cable: The Immediate Future」(映画)
- 「アルファ」(映画)

1968
- ミース・ファン・デル・ローエ「国立美術館」
- ピーター・アイゼンマン「住宅第1号」
- ケヴィン・ローチ「オークランド美術館」
- ヴェルナー・パントン「パントン・チェア」
- 「都市住宅」創刊
- スタンリー・キューブリック「2001年宇宙の旅」(映画)
- パリ5月革命
- 学園紛争

1969
- ジェームズ・スターリング「ミュンヘン・ジーメンス社」(計画)
- エットーレ・ソットサス「バレンタイン」
- ミース・ファン・デル・ローエ死去
- アポロ11号月面着陸
- 東名高速全面開通

1970
- パオロ・ソレリ「アーコサンティ」(建設開始)
- 丹下健三「日本万国博覧会・基幹施設」
- 菊竹清訓「エキスポタワー」
- 日本万国博覧会開催(大阪万博)
- リチャード・ノイトラ死去
- よど号ハイジャック

1971
- アルヴァ・アールト「フィンランディア・ホール」
- ジョエ・コロンボ死去
- アルネ・ヤコブセン死去
- ドル・ショック

1972
- カルロ・スカルパ「ブリオン・ヴェガ墓地」
- ヘルマン・ヘルツベルハー「セントラール・ベヒーア保険会社」
- ルイス・カーン「キンベル美術館」「フィリップ・エクセター・アカデミー図書館」
- 黒川紀章「中銀カプセルタワー」
- ピーター・オブスヴィック「トリップ・トラップ」
- 沖縄復帰
- ウォーターゲート事件

「『マテマティカ』展」1961

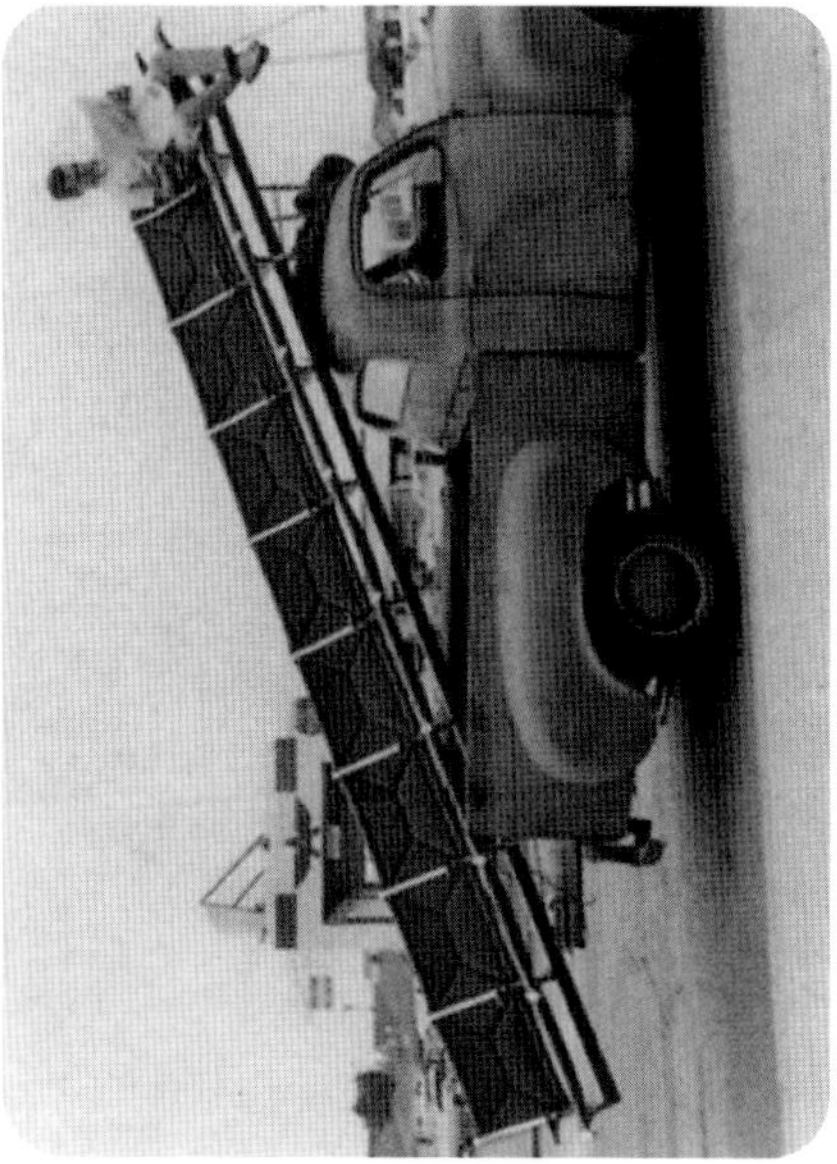
「タンデムスリング・シーティング」1962

1973
- MoMA主催「チャールズ・イームズの家具」展
- 「Movable Feasts and Changing Calendars」展
- 「On the Shoulders of Giants」展
- 「Issac Newton: Physics for a Moving Earth」展
- 「フランクリンとジェファーソン」(映画)
- 「コペルニクス」(映画)
- 「Exponents」(映画)
- 「コンピューターの遠近法」(書籍)

1974
- 「Philosophical Gardens」展
- 「ニュートンの法則」(映画)
- 「Callot」(映画)
- 「ケプラーの法則」(映画)
- 「ニュートン・カード」

1975
- 「フランクリンとジェファーソンの世界」展
- ミネソタ州ウォーカー芸術センター「ハーマンミラーのデザイン過程」展
- 「メトロポリタン・オーバービュー」(映画)

1976
- 「Images of Early America」展
- 「フランクリンとジェファーソンの世界」(映画)
- 「Something about Photography」(映画)
- 「Atlas」(映画)
- 「The Look of America1750 - 1800」(映画)
- 「Tall Ships」(スライド・ショー)
- 「フランクリンとジェファーソンの世界」(書籍)

1973
- ヨーン・ウッソン「シドニー・オペラハウス」
- ギュンター・ドメニク「グラーツの多目的ホール」
- リチャード・マイヤー「ダグラス邸」
- アルド・ロッシ「ガララテーゼの集合住宅」
- パブロ・ピカソ死去
- オイル・ショック

1974
- ルイス・カーン「バングラデシュ国会議事堂」「イェール大学イギリス美術研究センター」
- SOM「シアーズ・タワー」
- ルシアン・クロール「ルーヴァン・カトリック大学医学部学生寮」
- 磯崎新「群馬県立近代美術館」
- 吉田五十八死去
- ルイス・カーン死去

1975
- オズワルト・マティアス・ウンガース「ヴァルラーフ・リヒャルツ美術館」(計画)
- ホセ・ルイ・セルト「ミロ美術館」
- 沖縄国際海洋博覧会開催
- 天皇訪米

1976
- ヨーン・ウッソン「バウスベアーの教会」
- ミノル・ヤマサキ「ワールド・トレード・センター」
- 安藤忠雄「住吉の長屋」
- レム・コールハース「錯乱のニューヨーク」(著)
- アップルコンピュータ設立
- アルヴァ・アールト死去
- フィン・ユール死去
- ロッキード事件

「IBM パビリオン」1965

「ソファ・ルースクッション」1971

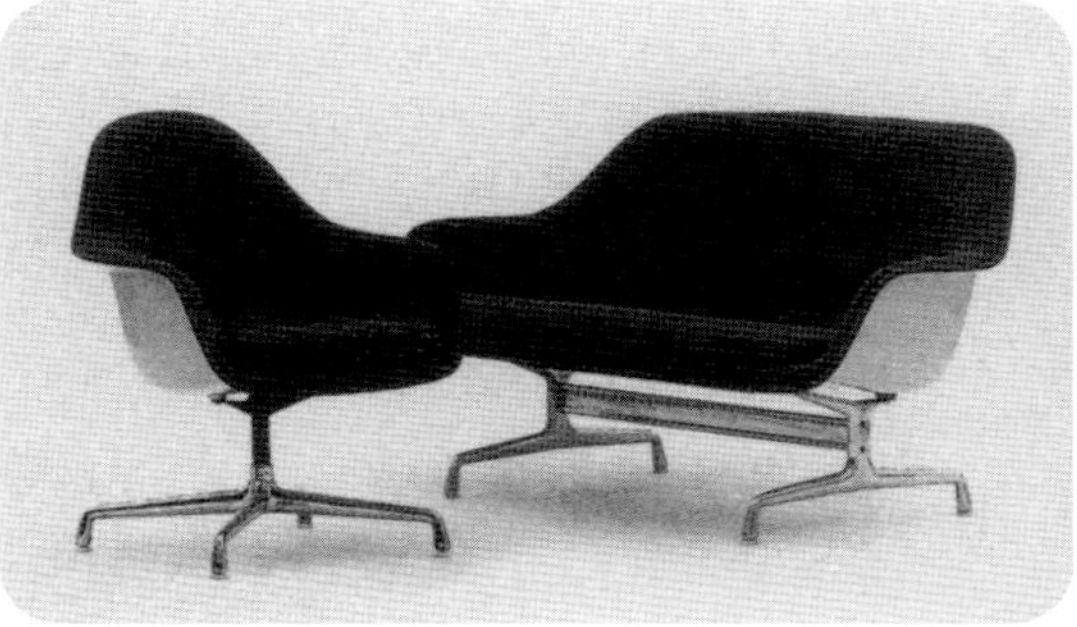

1977	●「Daumier: Paris and the Spectator」(映画) ●「パワーズ・オブ・テン」(映画) ●「Polavision」(映画)
1978	●8月21日、故郷セントルイスにてチャールズ死去 ●「Degas in the Metropolitan」(映画) ●「Cezanne: The Late Work」(映画) ●「Sonar One - Step」(映画) ●「Merlin and the Time Mobile」(映画) ●「Art Game」(映画)
1979	●「A Report on the IBM Exhibition Center」(映画)
1982	●「ノートン記念講義:ものについて」(映画) ●「パワーズ・オブ・テン」(書籍)
1984	●「イームズ・チーク&レザー・ソファ」
1988	●8月21日、ロサンゼルスにてレイ死去

1977	●レンゾ・ピアノ、リチャード・ロジャース「ポンピドゥー・センター」 ●チャールズ・ジェンクス「ポスト・モダニズムの建築言語」(著) ●エリオット・ノイス死去
1978	●ハンス・シャロウン「ベルリン国立図書館」 ●アルヴァ・アールト「リオラ教会」 ●ノーマン・フォスター「セインズベリー美術センター」 ●ハリー・ベルトイア死去
1979	●フランク・ゲーリー「ゲーリー自邸」 ●イラン革命 ●ソ連アフガン侵攻
1982	●ハンス・ホライン「メルヘングラートバッハ美術館」 ●マイケル・グレイヴス「ポートランドビル」 ●フォークランド紛争
1986	●ギュンター・ドメニク「石の家」(建設開始) ●リチャード・ロジャース「ロイズ・オブ・ロンドン」 ●ノーマン・フォスター「香港上海銀行」 ●ヨー・クーネン「デルフト市庁舎」 ●ジョージ・ネルソン死去 ●チェルノブイリ原発事故
1988	●レム・コールハース「ダンス・シアター」 ●MoMA主催「ディコンストラクティヴィズム・アーキテクト」展 ●イサム・ノグチ死去 ●ルイス・バラガン死去 ●ペレストロイカ

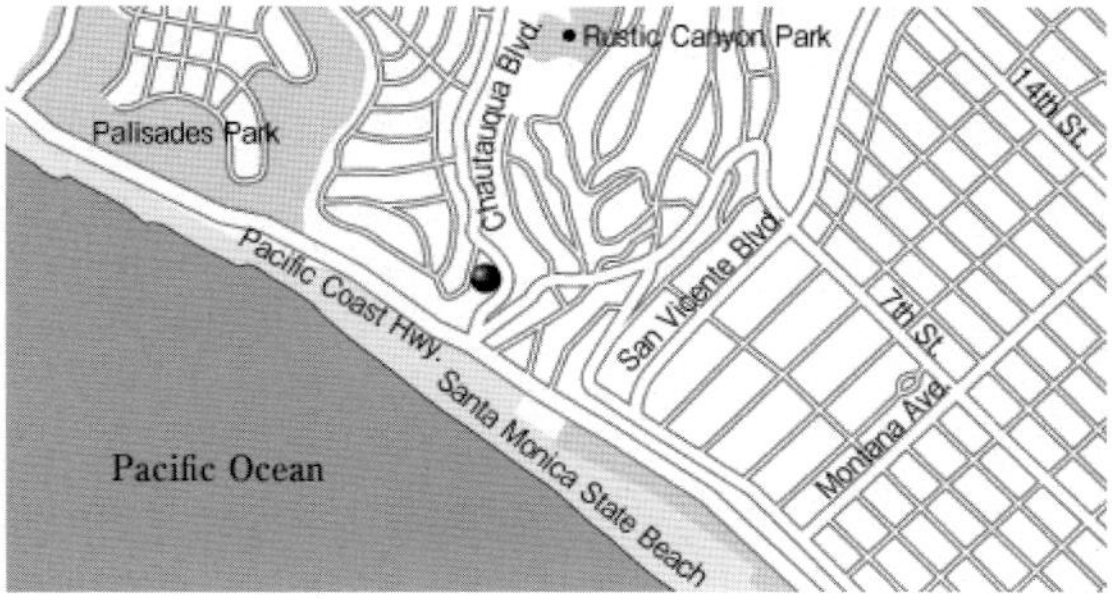

MAP イームズ・ハウスの歩き方

所在地：203 Chautauqua Blvd.
Pacific Palisades CA 90272 USA
phone：+1.310.459.9663
http://www.eamesfoundation.org

駐車場：なし

見学可能日（外観のみ）
月～金曜日：10:00～16:00　土曜日：10:00～15:00
＊予約：見学の48時間前までに予約が必要（団体は25名まで）
なお、1年に1回（6月20日）、イームズ財団メンバーだけは内部見学が可能。

メンバー加入を希望する場合には、以下のurlを参照。

http://www.eamesfoundation.org/amember/membership_info.html

入場料
一般：5ドル（寄付として）
学生（要学生証）・12歳以下・62歳以上：無料

写真撮影：
私的使用に限り、外観写真のみ可能（窓ガラス越しに内部を撮影するのも不可）

以上、2008年6月20日現在
＊予告なく変更される場合がありますので、
訪れる際にはホームページや電話などで確認の上、お出かけください。

イームズ・オフィス　Eames Office

イームズ・オフィスは、チャールズ＆レイ・イームズの作品と業績を所有・管理し、広く伝えるために活動している。

併設のギャラリーでは、定期的にイームズ関連の展覧会を開催している。また売店ではカタログや出版物、「ハウス・オブ・カード」などのおもちゃ、イームズ・アーカイブが所有する画像のポスター、文房具などのグッズを販売、家具ギャラリーでは、イームズ・デザインによる成型合板や金属、プラスティックの椅子などの家具を注文できる。

開館時間：
11:00～18:00（水～土曜日）
休館日：日～火曜日
＊イームズ・アーカイブへは要予約

所在地：
850 Pico Boulevard
Santa Monica, CA 90405
電話：+1.310.396.5991
mail: info@eamesoffice.com
ホームページ： http://www.eamesoffice.com

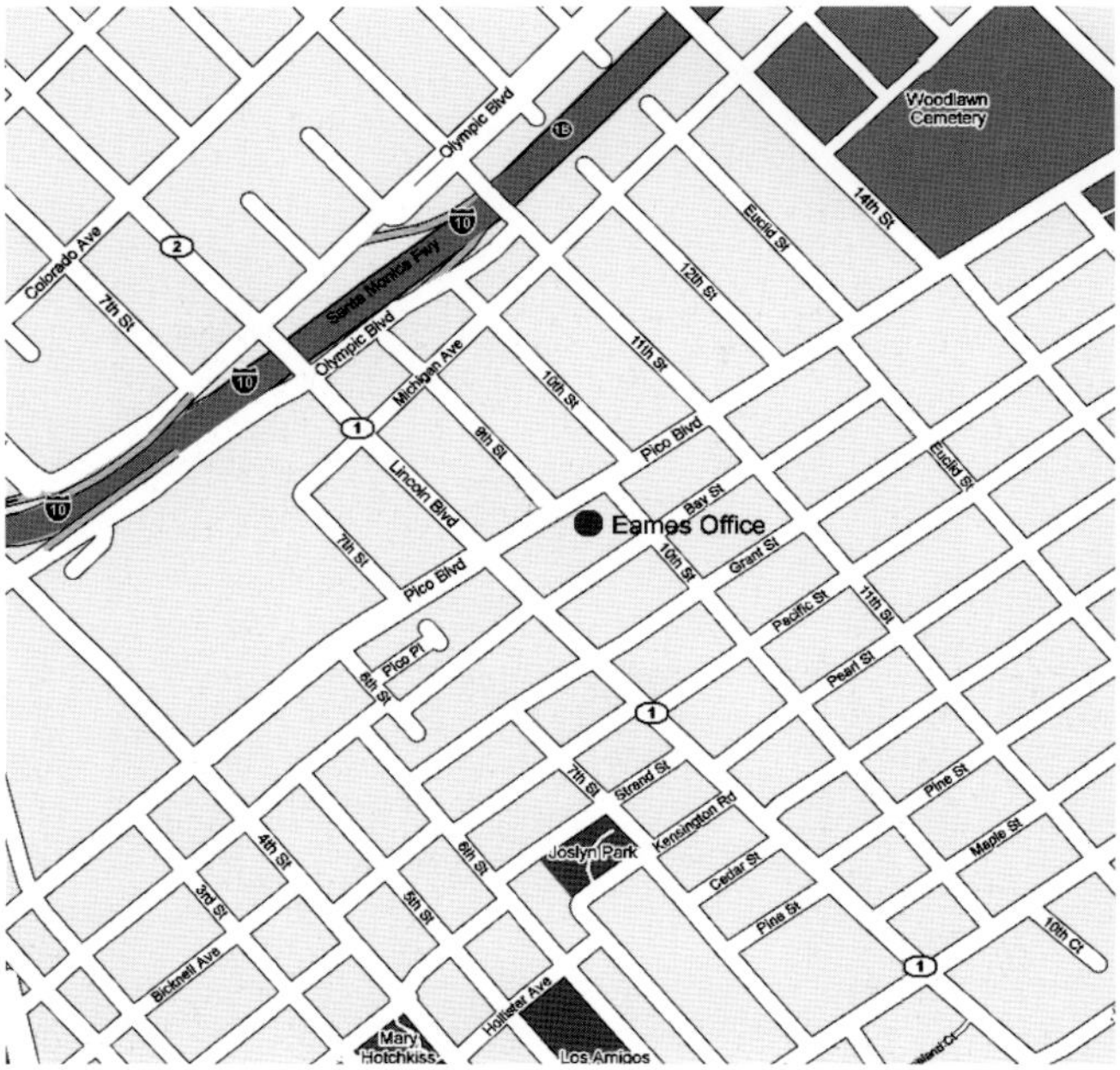

あとがき

ようやく原稿の執筆が終わったかと思うと、東京書籍の編集者、藤田氏から校正についての矢のような催促の日々が続いています。そんな風にしてまとめた私の原稿も読んでいただきたいのは当たり前のことなのですが、この本が世界で唯一の本として誇り得ると私自身が考えているのは、実は私の原稿の故ではありません。むしろフィリップ・リュオーの写真に注目していただきたいのです。

この本の企画を最初に伺った時、私がまずお話ししたのは、現時点でイームズ・ハウスの本を出版するのであれば、現在のイームズ・ハウスの写真撮影を新規に行わなければ出版の意味が無いだろう、ということでした。イームズ・ハウスに関する書籍は多数出版されています。ただそのほとんどはイームズ・オフィスのアーカイブから借用した写真を使ったものであり、記憶は定かではありませんが、独自に撮影した写真を使った書籍としては、確か１９９０年代中頃のものが最後ではないでしょうか。

ですから２００８年に出版される書籍として、誰もが既に見知っている写真を改めてまとめてみてもしょうがないのではないか、どうせ新しくイームズ・ハウスの本を出版するのであれば、「現在」、「現時点」のイームズ・ハウスをドキュメンテーションすること、それが無ければ意味が無いのではないか、と生意気な意見を申し上げたのです。

それから東京書籍のご苦労が始まりました。多分、不可能だろうとタカをくくっていたのですが、何故か幸運にもイームズ・オフィスの了解が取れ、２００７年の春に撮影となったときには我々のチームの幸運を感じたものです。

２００７年４月３日の朝９時から夜までをフォトグラファーであるリュオーとともにイームズ・ハウスで過ごしたのですが、実はここには書けないような出来事――有り体に言えばトラブル、というやつでしょう――も起こり、忘れられない1日となりました。

今も覚えているのはその日、ＦＯＸチャンネルの大人気番組「アメリカン・アイドル」はシーズン６で、まだ優勝者も決まっていませんでした。なにしろこの「アメリカン・アイドル」の収録はハリウッドのコダック・シアター、ロサンゼルスの地元で開催されている一大イベントですから、トップ・テンに残った一人、あの「番組史上最も歌の下手」なサンジャヤ・マラカがロサンゼルスの新聞の表紙を飾っていたことまで覚えています。こんなつまらない出来事まで改めてここに記しているのは、それほど２００７年４月３日という日が自分にとって重要な日だったということに他ならず、その日がロサンゼルスではどんな一日だったかを記録しておきたいと思ったからです。

４月３日、朝起きると絵に描いたような南カリフォルニアの青空と太陽がそこにありました。その朝９時、太平洋に面して建ちながらもそれにそっぽを向き、しかも開放的なガラスボックスの姿でありながらも樹木の後ろに隠れようとしているこの不思議な建築に、１９８１年以来26年ぶりに再会することになりました。「世界から無限後退しようとしている建築」というコンセプトはその日、イームズ・ハウスの前庭でピクニック・ランチをみんなと一緒に食べながら考えたことです。なにしろ、前庭からさえイームズ・ハウスの全貌を見ることは出来ないのです。

そんな訳で、今回のフィリップ・リュオーの写真が写し取っている、あるいは「映し撮っている」イームズ・ハウスの「現在」をよく見ていただきたいのです。そこにはこれまで見知っていたイームズ・ハウスとは少々異なるイームズ・ハウスが姿を覗かせています。敷地中に溢れる樹木はそれが「人工」の自然であることなど感じさせないほど勢いに満ちていますし、そんな自然に覆い隠されているイームズ・ハウスの有り様はロサンゼルスの近代住宅のごく当たり前の状況であると同時に、イームズ・ハウスが建った時点から望んでいた姿にようやく到達したのだとも言えるでしょう。既発表で、他の出版物を通してよく知られているアーカイブの写真、それに私がこの本にも引用したような、イームズ本人が撮影した写真と比較してもらうと、そんなイームズ・ハウスの「現在」が見えてくるのではないでしょうか。

この本が日の目を見ることになったのは、言い換えると新規の写真撮影を含む取材が今回可能になったのは、イームズ・オフィスの責任者であるイームズ・デミトリアスのお陰です。彼の助力がなければ、この本の出版は不可能でした。

また、この本の中に含まれるイームズ・オフィスのアーカイブから借用した写真や図面も、なるべく今回が初めて多くの人の目に触れる機会となるようなものを意識的に選びました。私にすべてのアーカイブのビジュアルを閲覧させてくれ、掲載の手助けをしてくれたのはアーカイブの管理をしているイームズ・オフィスのスタッフ、デイビッド・ハーツガードであり、イームズ・オフィスでのアーカイブ閲覧の時間は私にとって至福の時間でした。彼のお陰で初めて目にした図面や写真がたくさんありましたし、なによりチャールズ・イームズ撮影のオリジナル35ミリスライドを目にすることが出来る機会なんて、そうそうあるものではありません。

最後に、私と一緒に1日をイームズ・ハウスで過ごし、素晴らしい記録を残してくれたフィリップ・リュオー、ほとんど不可能だと思われていた写真撮影を可能にし、この本を実現してくれた東京書籍の藤田六郎のチームや、イームズ・オフィスとのコンタクトにアドバイスしてくれた泉川真紀、膨大な写真の整理や原稿校正を助けてくれたケイ・アソシエイツの川上未奈の両氏をはじめとし、ここでは名前を挙げませんがこの本の実現のために協力してくれた数多くの人達、そんな方達の協力のお陰で、この本はここに存在しています。あらためて感謝の気持ちを伝えたいと思います。

そして本当に最後になりますが、今年の「アメリカン・アイドル」はシーズン7、もうとっくに番組は終了し、優勝者のデイビッド・クックはＣＤデビュー後、既にチャートイン急上昇中。あの4月3日から1年以上の時が既に、あっと言う間に経ってしまったということです。しかしあの日の午後、あの前庭でのリュオー達とのピクニック・ランチの幸せな記憶だけは、今でも鮮明に残っています。レイ・イームズが亡くなった時、１９８８年のままの状態で20年近く時間が止まり、凍結されていたイームズ・ハウスが「住宅」として機能した、本当に稀な機会だったのですから。

岸　和郎

２００８年6月28日

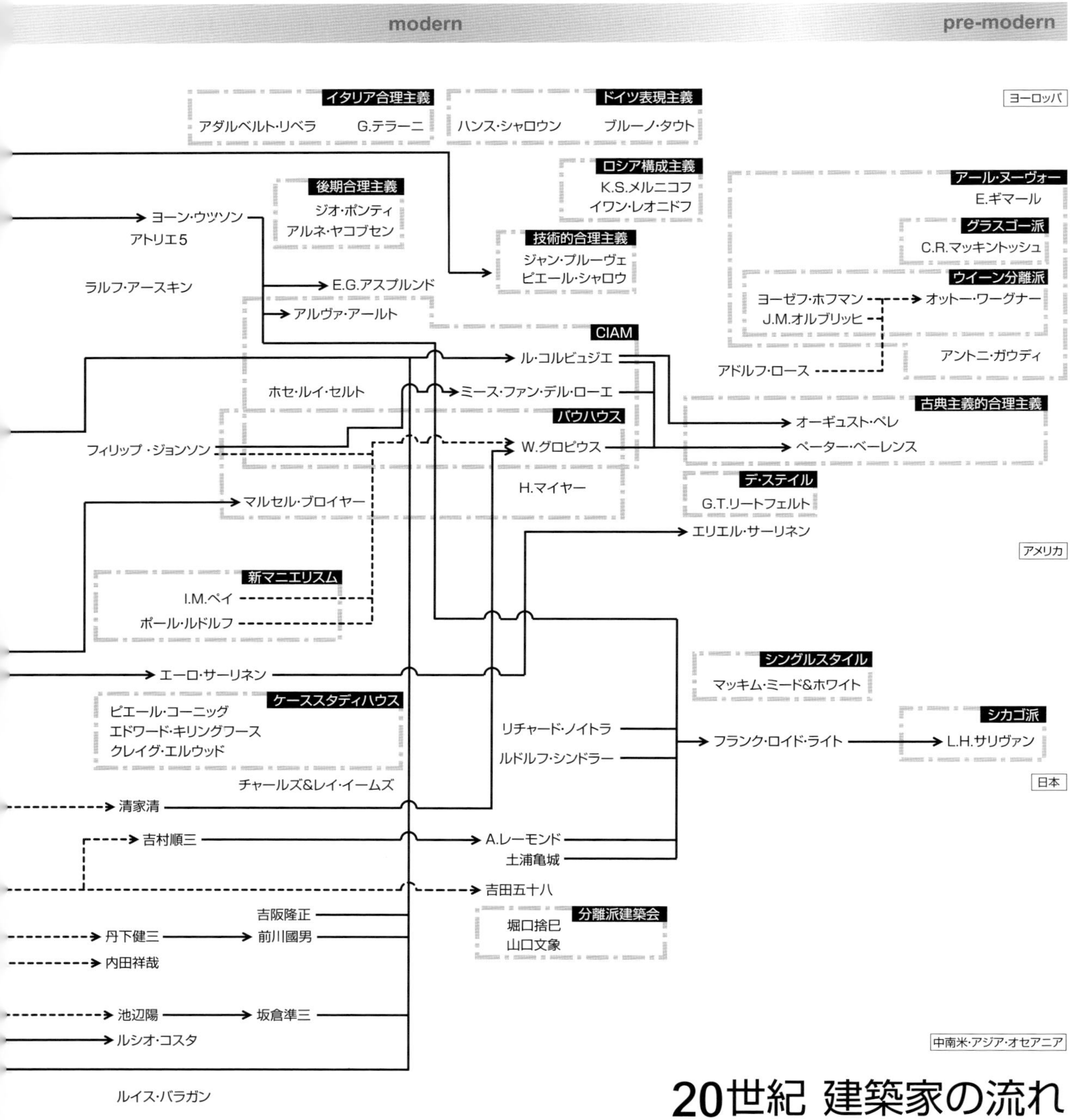

20世紀 建築家の流れ

構成＝本橋良介＋野原修

凡例 1- 名作住宅に関わる建築家名を黒字、建築運動・流派・グループを白字で示した。
2- 冒頭の地域部分で建築家の主な出身・活動地域を示した。
3- 建築家同士の交友関係・師弟関係を下記の線種で示した。

→ 出身事務所　- - -→ 大学での教育　［点線枠］ 運動・グループなど

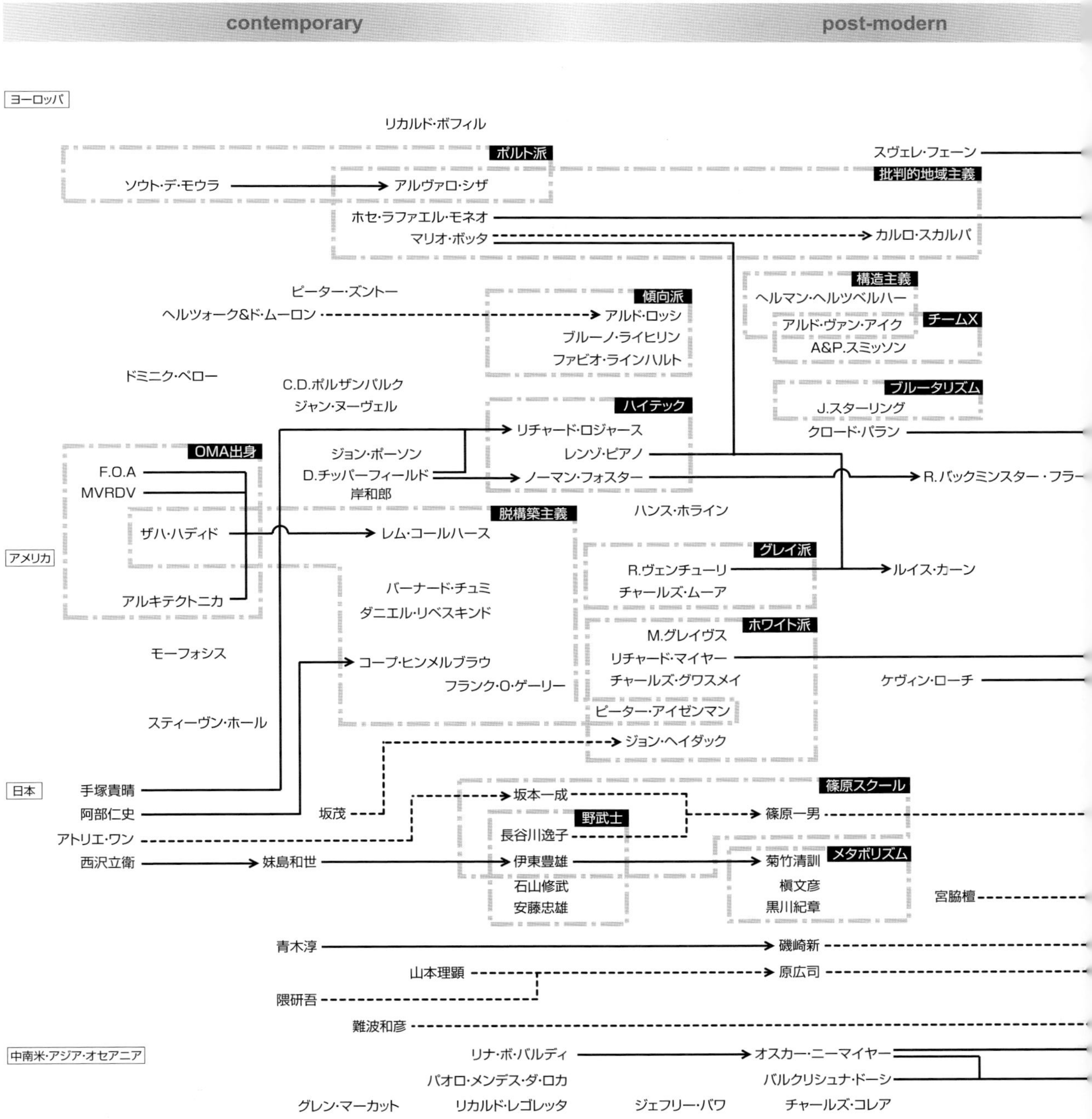
contemporary
post-modern
ヨーロッパ
リカルド・ボフィル
ポルト派
スヴェレ・フェーン
ソウト・デ・モウラ
アルヴァロ・シザ
批判的地域主義
ホセ・ラファエル・モネオ
マリオ・ボッタ
カルロ・スカルパ
構造主義
ピーター・ズントー
傾向派
ヘルマン・ヘルツベルハー
ヘルツォーク&ド・ムーロン
アルド・ロッシ
アルド・ヴァン・アイク
チームX
ブルーノ・ライヒリン
A&P.スミッソン
ファビオ・ラインハルト
ドミニク・ペロー
C.D.ポルザンパルク
ブルータリズム
ジャン・ヌーヴェル
ハイテック
J.スターリング
リチャード・ロジャース
クロード・パラン
OMA出身
ジョン・ポーソン
レンゾ・ピアノ
F.O.A
D.チッパーフィールド
ノーマン・フォスター
R.バックミンスター・フラー
MVRDV
岸和郎
脱構築主義
ハンス・ホライン
ザハ・ハディド
レム・コールハース
グレイ派
アメリカ
R.ヴェンチューリ
ルイス・カーン
バーナード・チュミ
チャールズ・ムーア
アルキテクトニカ
ダニエル・リベスキンド
ホワイト派
M.グレイヴス
モーフォシス
リチャード・マイヤー
コープ・ヒンメルブラウ
チャールズ・グワスメイ
ケヴィン・ローチ
フランク・O・ゲーリー
ピーター・アイゼンマン
スティーヴン・ホール
ジョン・ヘイダック
日本
篠原スクール
手塚貴晴
坂本一成
阿部仁史
坂茂
篠原一男
野武士
アトリエ・ワン
長谷川逸子
メタボリズム
西沢立衛
妹島和世
伊東豊雄
菊竹清訓
石山修武
槇文彦
宮脇檀
安藤忠雄
黒川紀章
青木淳
磯崎新
山本理顕
原広司
隈研吾
難波和彦
中南米・アジア・オセアニア
リナ・ボ・バルディ
オスカー・ニーマイヤー
パオロ・メンデス・ダ・ロカ
バルクリシュナ・ドーシ
グレン・マーカット
リカルド・レゴレッタ
ジェフリー・バワ
チャールズ・コレア

fig.7 ファンズワース邸：ミース・ファン・デル・ローエ、1950

世界名作住宅地図

構成＝本橋良介＋野原修

ここでは近現代の主要な住宅作品を世界地図上にプロットした。

＊地名はその周辺地域も含む。

撮影：fig.1,2,3,5,6,7,8/Philippe Ruault、fig.4/ 新建築写真部、fig.9/ 藤本壮介、fig.10/ 宮下淳平

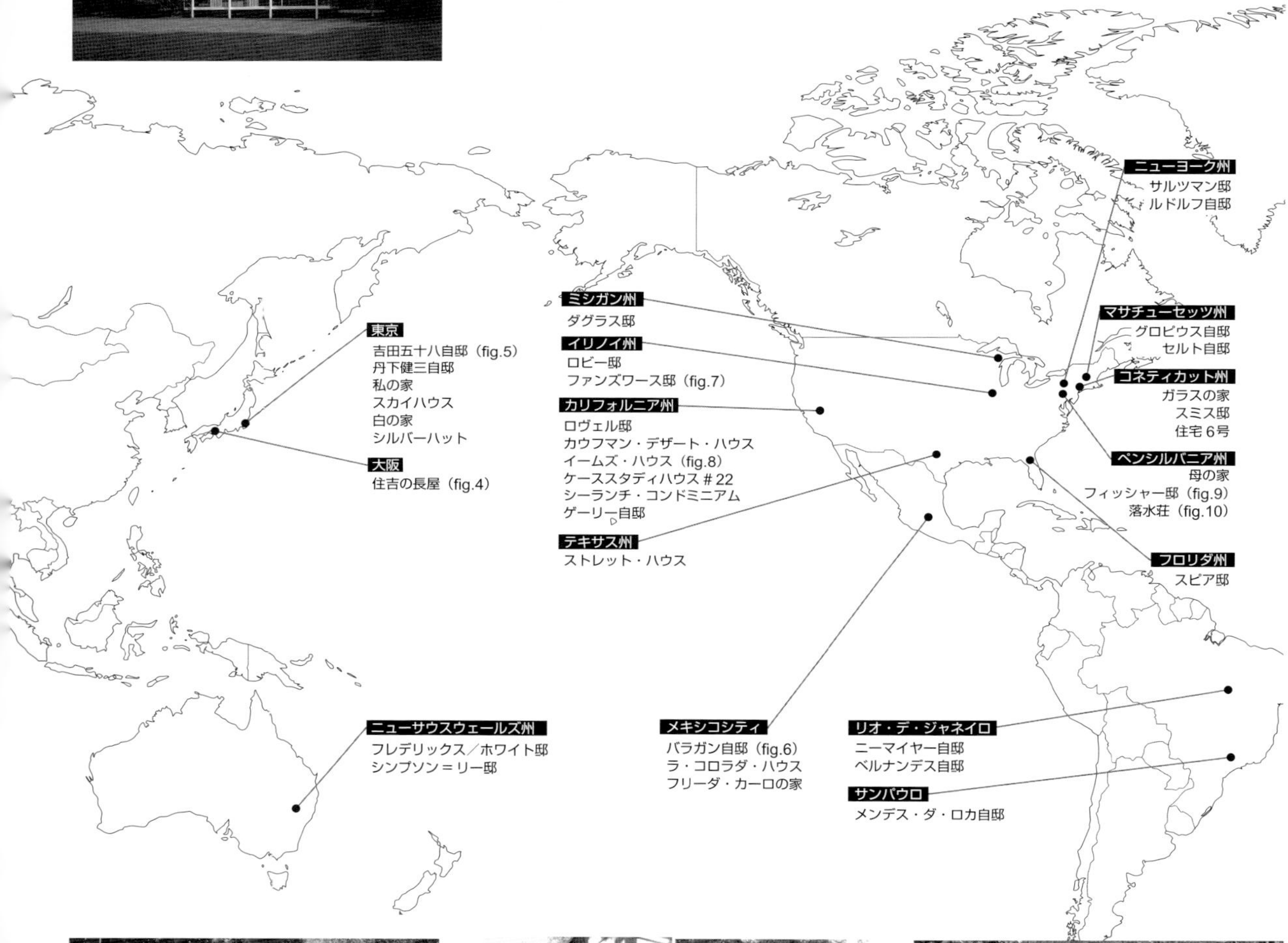

fig.8 イームズ・ハウス：チャールズ&レイ・イームズ、1949

fig.9 フィッシャー邸：ルイス・カーン、1967

fig.10 落水荘：フランク・ロイド・ライト、1936

fig.1 マイレア邸：アルヴァ・アールト、1939

fig.2 サヴォワ邸：ル・コルビュジエ、1931

fig.3 ボルドーの住宅：レム・コールハース、1998

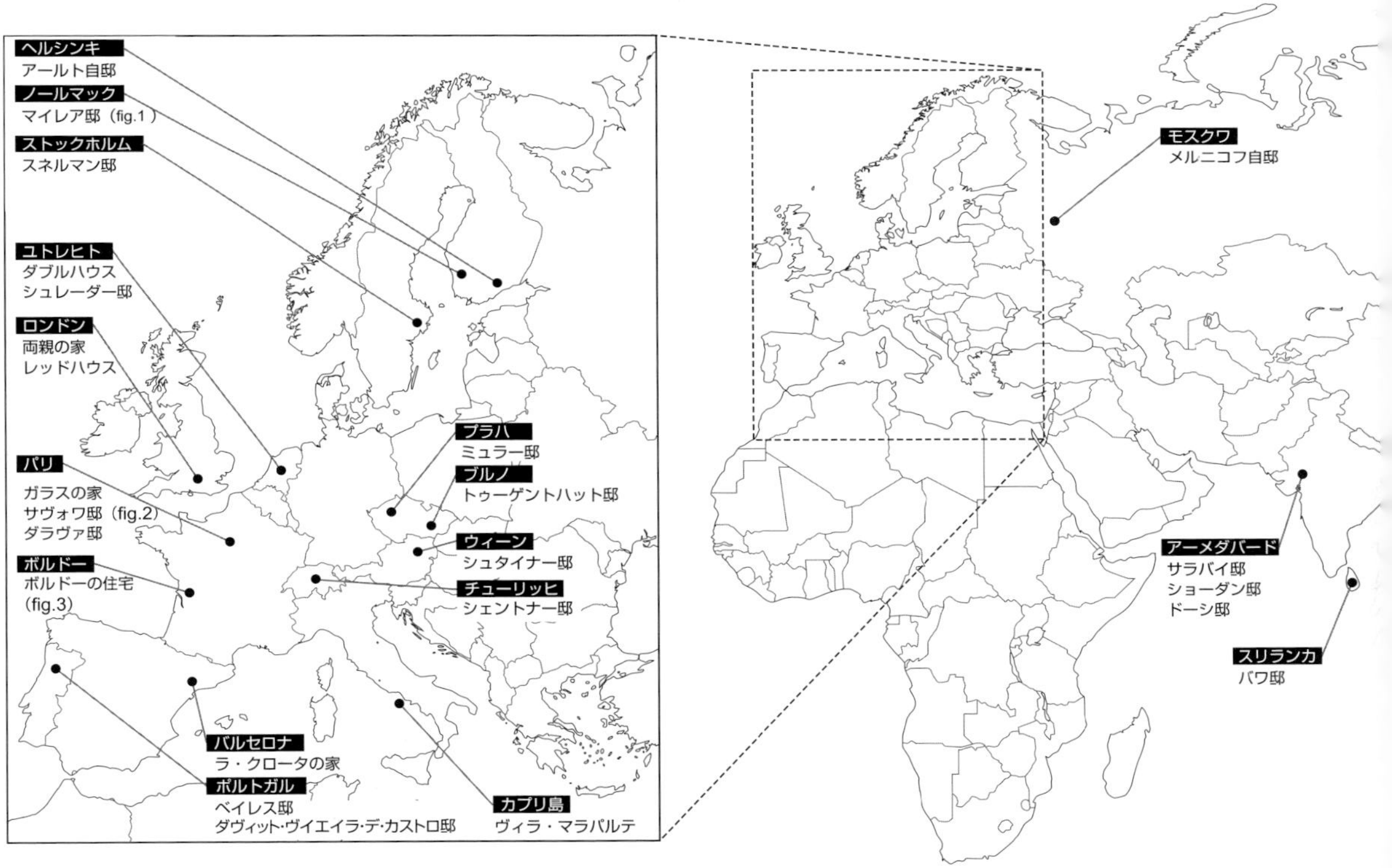

fig.4 住吉の長屋：安藤忠雄、1976

fig.5 吉田五十八自邸：吉田五十八、1944

fig.6 バラガン自邸：ルイス・バラガン、1947

世界名作住宅年表

構成＝本橋良介＋野原修

凡例　ここでは近現代の世界の主要な住宅作品を取り上げた。
原則的に竣工年順の配列とし、上下のカテゴリー区分で所在する地域を示した。
それぞれの住宅作品は、竣工年、作品名、及び括弧内に設計者名の順で記した。

1850　1900　1910

ヨーロッパ

- 1859●レッドハウス(P・ウエッブ)
- 1892●タッセル邸(V・オルタ)
- 1898●オルタ自邸(V・オルタ)
- 1898●ジャンベルラーニ邸(P・アンカール)
- 1900●グリュケルト・ハウス(J・M・オルブリッヒ)
- 1901●ベーレンス自邸(ペーター・ベーレンス)
- 1903●ヒル・ハウス(C・R・マッキントッシュ)
- 1907●ファレ邸(ル・コルビュジエ)
- 1907●リール邸(ミース・ファン・デル・ローエ)
- 1910●シュタイナー邸(アドルフ・ロース)
- 1911●ストックレー邸(ヨーゼフ・ホフマン)
- 1913●ヤロシュ・ヴィラ(ヨーゼフ・ホホル)
- 1917●シュウォブ邸(ル・コルビュジエ)
- 1917●スネルマン邸(E・G・アスプルンド)

アメリカ

- 1887●ロウ邸(マッキム・ミード&ホワイト)
- 1894●ウィンズロー邸(F・L・ライト)
- 1902●ウィリッツ邸(F・L・ライト)
- 1908●ギャンブル邸(グリーン&グリーン)
- 1909●ロビー邸(F・L・ライト)
- 1909●クーンレイ邸(F・L・ライト)
- 1917●ボック邸(F・L・ライト)

日本

中南米・アジア・オセアニア

1920

1921 ● ヘットガー自邸(ベルンハルト・ヘットガー)
1921 ● ゾンメルフェルト邸(W・グロピウス)
1924 ● シュレーダー邸(G・T・リートフェルト)
1924 ● アウエルバッハ邸(W・グロピウス)
1925 ● ラ・ロッシュ=ジャンヌレ邸(ル・コルビュジエ)
1925 ● レマン湖畔の小さな家「母の家」(ル・コルビュジエ)
1927 ● トリスタン・ツァラ邸(アドルフ・ロース)
1927 ● ヴァイセンホフ・ジードルング(ミース・ファン・デル・ローエなど)
1928 ● ストロンボー邸(P・エンゲルマン+L・ヴィトゲンシュタイン)
1929 ● E1027(アイリーン・グレイ)
1929 ● メルニコフ邸(K・S・メルニコフ)

1920 ● ジャーマンウェアハウス(F・L・ライト)
1922 ● シンドラー自邸(ルドルフ・シンドラー)
1926 ● ロヴェル・ビーチ・ハウス(ルドルフ・シンドラー)
1929 ● ロヴェル邸(健康住宅)(リチャード・ノイトラ)

1923 ● レーモンド自邸(A・レーモンド)
1924 ● 山邑邸(F・L・ライト+遠藤新)
1926 ● 紫烟荘(堀口捨巳)
1928 ● 聴竹居(藤井厚二)

1930

1930 ● トゥーゲントハット邸(ミース・ファン・デル・ローエ)
1930 ● ミュラー邸(アドルフ・ロース)
1931 ● サヴォワ邸(ル・コルビュジエ)
1932 ● ガラスの家(P・シャロウ)
1932 ● レムケ邸(ミース・ファン・デル・ローエ)
1933 ● シュミンク邸(H・シャロウン)
1936 ● アールト自邸とアトリエ(アルヴァ・アールト)
1937 ● 夏の家(E・G・アスプルンド)
1938 ● ヴィラ・マラパルテ(アダルベルト・リベラ)
1939 ● マイレア邸(アルヴァ・アールト)

1936 ● 落水荘(F・L・ライト)
1937 ● ジェイコブス邸Ⅰ(F・L・ライト)
1937 ● ハナ邸Ⅰ(F・L・ライト)
1937 ● グロピウス自邸(W・グロピウス)
1938 ● マイヤー邸(C&R・イームズ)

1933 ● 軽井沢夏の家(A・レーモンド)
1935 ● 土浦亀城自邸(土浦亀城)
1936 ● 日向別邸(B・タウト)
1939 ● 若狭邸(堀口捨巳)

1940

1942 ● ザ・ボックス(ラルフ・アースキン)

1941 ● 前川國男自邸(前川國男)
1941 ● 村野藤吾自邸(村野藤吾)
1944 ● 吉田五十八自邸(吉田五十八)

1945 / 1950 / 1960 / 1970

ヨーロッパ

- 1947 ● ブロイヤー自邸(マルセル・ブロイヤー)
- 1951 ● カップ・マルタンの小屋(ル・コルビュジエ)
- 1953 ● 夏の家(アルヴァ・アールト)
- 1954 ● ナンシーの家(ジャン・プルーヴェ)
- 1957 ● ヴィラ・ラ・サラセーナ(L・モレッティ)
- 1958 ● クルトゥーリタロ(アルヴァ・アールト)
- 1959 ● メルツ邸(アトリエ5)
- 1959 ● ルイ・カレ邸(アルヴァ・アールト)
- 1960 ● ガルダ湖畔の家(V・ヴィガーノ)
- 1962 ● ノールドマーク邸(ラルフ・アースキン)
- 1963 ● アースキン自邸(ラルフ・アースキン)
- 1963 ● タピエス邸(ホセ・アントニオ・コデルク)
- 1968 ● ジリ邸(ホセ・アントニオ・コデルク)
- 1968 ● チェントナ邸(カルロ・スカルパ)
- 1969 ● 両親の家(リチャード・ロジャース)
- 1970 ● パリのスタジオ(シャルロット・ペリアン)
- 1970 ● ヴィラ・ラ・リカルダ(A・ボネット)
- 1970 ● シルツ邸(アルヴァ・アールト)
- 1970 ● スカルパ自邸(T・スカルパ)
- 1973 ● リヴァ・サンヴィターレの住宅(マリオ・ボッタ)

アメリカ

- 1946 ● カウフマン・デザート・ハウス(リチャード・ノイトラ)
- 1946 ● モスバーグ邸(F・L・ライト)
- 1948 ● トウィッチェル邸(ポール・ルドルフ)
- 1949 ● イームズ・ハウス(C&R・イームズ)
- 1949 ● フォード邸(ブルース・ガフ)
- 1949 ● グラス・ハウス(フィリップ・ジョンソン)
- 1950 ● ファンズワース邸(ミース・ファン・デル・ローエ)
- 1950 ● ロックフェラーゲストハウス(フィリップ・ジョンソン)
- 1953 ● フライ自邸(A・フライ)
- 1957 ● ミラー邸(E・サーリネン+A・ジラード)
- 1957 ● セルト邸(ホセ・ルイ・セルト)
- 1959 ● フーパー邸(マルセル・ブロイヤー)
- 1959 ● CSH#22(ピエール・コーニッグ)
- 1961 ● CSH#25(E・A・キリングワース)
- 1961 ● エシュリック邸(ルイス・カーン)
- 1964 ● シーランチ(チャールズ・ムーア)
- 1964 ● 母の家(R・ヴェンチューリ)
- 1967 ● フィッシャー邸(ルイス・カーン)
- 1968 ● 住宅1号(ピーター・アイゼンマン)
- 1972 ● スナイダーマン邸(マイケル・グレイヴス)
- 1973 ● コーマン邸(ルイス・カーン)
- 1973 ● ダグラス邸(リチャード・マイヤー)
- 1974 ● 個人住宅(ポール・ルドルフ)

日本

- 1952 ● 立体最小限住居(増沢洵)
- 1952 ● 斉藤助教授の家(清家清)
- 1953 ● 住居(丹下健三)
- 1954 ● 私の家(清家清)
- 1956 ● ヴィラ・クゥクゥ(吉阪隆正)
- 1957 ● No.38(池辺陽)
- 1958 ● スカイハウス(菊竹清訓)
- 1960 ● SH−30(広瀬鎌二)
- 1962 ● 軽井沢の山荘(吉村順三)
- 1962 ● 正面のない家H(西沢文隆)
- 1964 ● 中山邸(磯崎新)
- 1967 ● 棟の家(東孝光)
- 1967 ● 白の家(篠原一男)
- 1971 ● まつかわぼっくす(宮脇檀)
- 1972 ● 粟津邸 (原広司)
- 1972 ● 反住器(毛綱毅曠)

中南米・アジア・オセアニア

- 1947 ● バラガン自邸(ルイス・バラガン)
- 1951 ● グラス・ハウス(リナ・ボ・バルディ)
- 1954 ● ニーマイヤー自邸(オスカー・ニーマイヤー)
- 1955 ● サラバイ邸(ル・コルビュジエ)
- 1956 ● オゴールマン自邸(J・オゴールマン)
- 1956 ● ショーダン邸(ル・コルビュジエ)
- 1960 ● 自邸(パウロ・A・メンデス・ダ・ロカ)
- 1960 ● アルティガス自邸(F・アルティガス)
- 1961 ● ドーシ邸(バルクリシュナ・ドーシ)
- 1961 ● ベルナンデス自邸(S・ベルナンデス)
- 1962 ● チューブハウス(チャールズ・コレア)
- 1964 ● ラムクリシュナ邸(チャールズ・コレア)
- 1968 ● パクレ邸(チャールズ・コレア)

1980

1990

2000

1974 ● トニーニ邸(B・ライヒリン+F・ラインハルト)
1974 ● デルビゴット邸(ジャン・ヌーヴェル)
1975 ● カーサ・ボフィル(リカルド・ボフィル)
1976 ● ベイレス邸(アルヴァロ・シザ)
1980 ● ブルーハウス(ヘルツォーク&ド・ムーロン)
1981 ● マッサーニョの家(マリオ・ボッタ)
1990 ● バスク邸(スヴェレ・フェーン)
1990 ● アラカネナ邸(ソウト・デ・モウラ)
1991 ● ダラヴァ邸(レム・コールハース)
1997 ● ルーディン邸(ヘルツォーク&ド・ムーロン)
1997 ● ダブル・ハウス(MVRDV)
1998 ● ボルドーの住宅(レム・コールハース)
1998 ● メビウス・ハウス(UNスタジオ)
1998 ● ラ・クロータ邸(エンリック・ミラージェス)
1998 ● ダヴィット・ヴィエイラ・デ・カストロ邸(アルヴァロ・シザ)

1974 ● ウルフ邸(バートン・マイヤー)
1974 ● スティルマン邸(マルセル・ブロイヤー)
1975 ● 「グリーンハウス」ハウス(J・M・ヨハンセン)
1979 ● スピア邸(アルキテクトニカ)
1979 ● ゲーリー自邸(フランク・O・ゲーリー)
1980 ● 708ハウス(エリック・オーエン・モス)
1981 ● 2-4-6-8住宅(モーフォシス)
1982 ● プロセック邸(マイケル・グレイヴス)
1987 ● ウィストン・ゲストハウス(フランク・O・ゲーリー)
1987 ● ホイットニー邸(マーク・マック)
1989 ● シュナーベル邸(フランク・O・ゲーリー)
1992 ● ストレット・ハウス(S・ホール)
1993 ● ゴールデンビーチの家(カルロス・ザパタ)
1996 ● ティガー邸(ロト・アーキテクツ)
1997 ● ブレーズ邸(モーフォシス)
2000 ● ホーントンプソン邸(W・P・ブルーダー)

1975 ● 幻庵(石山修武)
1976 ● 住吉の長屋(安藤忠雄)
1976 ● 中野本町の家(伊東豊雄)
1976 ● 代田の町家(坂本一成)
1976 ● 上原通りの住宅(篠原一男)
1977 ● 焼津の家2(長谷川逸子)
1981 ● 武蔵新庄の住宅(富永讓)
1981 ● 小篠邸(安藤忠雄)
1984 ● シルバーハット(伊東豊雄)
1984 ● ハウス・イン・ヨコハマ(篠原一男)
1988 ● PLATFORM1(妹島和世)
1992 ● 日本橋の家(岸和郎)
1992 ● 岡山の住宅(山本理顕)
1995 ● 箱の家001(難波和彦)
1997 ● 壁のない家(坂茂)
1998 ● ミニ・ハウス(アトリエ・ワン)
1998 ● ウイークエンドハウス(西沢立衛)
1999 ● B(青木淳)
1999 ● HOUSE SA(坂本一成)
2001 ● I-HOUSE(阿部仁史)
2001 ● 屋根の家(手塚貴晴+由比)
2002 ● Plastic House(隈研吾)
2003 ● 梅林の家(妹島和世)

1982 ● フレデリックス/ホワイト邸(G・マーカット)
1994 ● シンプソン・リー邸(G・マーカット)
1995 ● ラ・コロラダ・ハウス(リカルド・レゴレッタ)
1997 ● ネグロハウス(A・カラチ&D・アルヴァス)
1998 ● フレッチャー・ペイジ邸(G・マーカット)

写真・図版　出典一覧

※特に明示していない場合は、撮影：岸 和郎
　内イームズ・ハウス写真 © 2008 by Eames Office LLC / photo by Waro Kishi
※掲載頁において明示した場合もある。

目次（002-003）
■ 002：Copyright © 2008 by Eames Office LLC / photo by Philippe Ruault

第1章　イームズ・ハウス——再訪（004-056）
（ページ、以下同）■ 004・031 下：Copyright © 2008 by Eames Office LLC / photo by Philippe Ruault ■ 011 下：Kazutoshi Nishimura ■ 018 上：020-022,024-025・031(no.34)・039・041・043・045-047・049 下・050(no.78)：Copyright © 2008 by Eames Office LLC ■ 018 下：Alison + Peter Smithson：The Shift, Architectural Monographs no.7, Academy Editions, 1983 ■ 048 下：Copyright © J. Paul Getty Trust, Used with permission, Julius Shulman Photography Archive, Research Library at the Getty Reseach Institute(ACC.2004.R.10) ■ 050(no.73-77)：平凡社地図出版 ■ 052：West Side Story, Copyright © 1961 Metro-Goldwyn-Mayer Studios Inc. All Rights Reserved. Courtesy of MGM CLIP+STILL ■ 054・056：flick studio

第2章　アメリカの近代住宅の多様性——イームズ・ハウスの位置付けを巡って（057-096）
■ 066：photo by Shinkenchiku-sha ■ 080：Richard Neutra, Studio Paperbacks, Birkhauser Verlag; New Ed, 1996 ■ 091：Copyright © J. Paul Getty Trust, Used with permission, Julius Shulman Photography Archive, Research Library at the Getty Reseach Institute ■ 095 右：ビアトリス・コロミーナ『マスメディアとしての近代建築：アドルフ・ロースとル・コルビュジエ』松畑強訳、鹿島出版会、1996 ■ 095 左：Helmut Gernsheim, The origins of photography, Thames and Hudson, 1982 ■ 096：Copyright © 2008 by Eames Office LLC

写　真　Light, Shadow and Reflection：Eames House by Philippe Ruault（097-128）
■ 097-128：Copyright © 2008 by Eames Office LLC / photo by Philippe Ruault

資料編（129-143）
■132-142・143 下:Copyright © 2008 by Eames Office LLC ■143 上:平凡社地図出版

著者紹介

岸 和郎（きし・わろう）１９５０年、横浜市生まれ。建築家、京都工芸繊維大学大学院教授。京都大学大学院修士課程建築学専攻修了。１９８１年、岸和郎建築設計事務所を設立（現・K.ASSOCIATES/Architects）、１９９３年より京都工芸繊維大学で教育にあたる。その間、カリフォルニア大学バークレー校やマサチューセッツ工科大学で客員教授を務める。１９９３年日本建築家協会新人賞、１９９６年日本建築学会賞、２００６年デダロ・ミノス国際賞審査員賞などを受賞。作品集・著書に『Waro Kishi』（Mondadori Electa spa, 2005）、『ケース・スタディ・ハウス』（監修、住まいの図書館出版局、１９９７年）、『建築を旅する』（共立出版、２００３年）、『逡巡する思考』（共立出版、２００７年）など。主な建築作品には、「日本橋の家」（１９９２年）、「紫野和久傳」（１９９５年）、「ライカ銀座店」（２００６年）、「GLASHAUS／靫公園」（２００７年）など。
URL http://www.k-associates.com/

編者紹介
「ヘヴンリーハウス――20世紀名作住宅をめぐる旅」シリーズ

五十嵐 太郎（いがらし・たろう）１９６７年、フランス・パリ生まれ。建築史家・建築評論家。東北大学大学院工学研究科・工学部准教授。東京大学工学系大学院建築学専攻修士課程修了。博士（工学）。中部大学助教授などを経て、現職。著書に『新編 新宗教と巨大建築』（筑摩書房、２００７年）、『現代建築に関する16章』（講談社、２００６年）、『現代建築のパースペクティブ』（光文社、２００５年）、『過防備都市』（中央公論新社、２００４年）、『読んで旅する世界の名建築』（光文社、２００４年）、編著に『卒業設計で考えたこと。そしていま』（彰国社、２００５年）など。第11回ヴェネチア・ビエンナーレ建築展（２００８年）コミッショナー。

後藤 武（ごとう・たけし）１９６５年、横浜市生まれ。後藤武建築設計事務所主宰。建築家・建築評論家。東京大学大学院総合文化研究科表象文化論専攻修士課程修了、同大学院工学系研究科修士課程修了。隈研吾建築都市設計事務所勤務（馬頭町広重美術館などを担当）、中部大学高等学術研究所助教授などを経て、現在は横浜国立大学、東京理科大学、法政大学など非常勤講師。共著・編著に『〈はかる〉科学 計・測・量・謀…はかるをめぐる12話』（中央公論新社、２００７年）、『デザインの生態学』（東京書籍、２００４年）、『デザイン言語』（慶應義塾大学出版会、２００２年）など。

ヘヴンリーハウス――20世紀名作住宅をめぐる旅2
イームズ・ハウス／チャールズ＆レイ・イームズ

2008年8月4日　第1刷発行

著者　岸 和郎

シリーズ編者　五十嵐 太郎　後藤 武

企画協力　フリックスタジオ

編集協力　泉川 真紀
川上 未奈（K.ASSOCIATES/Architects）
松井 真平　中島 ふみえ
本橋 良介　野原 修（シリーズ共通付録構成）
天内 大樹　山田 明子

デザイン　玉野 哲也　鄭 福圭

発行者　河内 義勝
発行所　東京書籍株式会社
東京都北区堀船2-17-1　〒114-8524
03-5390-7531（営業）
03-5390-7500（編集）
http://www.tokyo-shoseki.co.jp

印刷・製本　株式会社シナノ

ISBN978-4-487-80097-1 C0052

ヘヴンリーハウス――20世紀名作住宅をめぐる旅

20世紀住宅の世界的傑作を厳選し、一軒・一建築家を紹介していくシリーズ。
気鋭の建築家たちがその家を訪問し一個人として体感した新鮮な発見を伝える。
シリーズ編者は、建築史家・建築評論家の五十嵐太郎と建築家の後藤武。
平易な語り口と豊富なヴィジュアルで住宅を視覚的に追体験できる。
家づくりの参考としても。また、建築学科の設計・製図のテキストとしても最適。

好評既刊

Heavenly Houses 1 中村研一

サヴォワ邸／ル・コルビュジエ

近代建築の白い聖地　巨匠ル・コルビュジエの最高傑作

近刊予定

Heavenly Houses 3 千葉学

住吉の長屋／安藤忠雄

現代都市型住宅の原点　若き日の安藤忠雄、渾身の一作

東京書籍